超ジョブ型人事革命

自分のジョブディスクリプションを自分で書けない社員はいらない

西尾 太
フォー・ノーツ株式会社代表取締役社長

日経BP

はじめに

テレワークの急速な普及、「ジョブ型」の導入、ＤＸへの対応、副業、ＳＤＧｓへの対応など、働き方や人事に関連する話題は尽きません。企業は、これらに対して、適切に対応していくことが求められています。

ここで打ち手を間違えるわけにはいきません。ＨＲ（Human Resource Management＝人的資源管理）に関する施策で、企業の成長力や業績に大差がつく時代が来ました。ＨＲ戦略に優れた会社は飛躍し、そうでない会社は崩壊に向かうといっても過言ではないでしょう。

ＨＲという領域は、一度打ち手を間違ってしまうと、その後、何年ものダメージを企業に与えてしまいます。

私は大学卒業後、30年以上、ほぼＨＲの領域で仕事をしてきました。もちろん失敗もしてきました。いろいろな失敗も見てきました。

最初に入社したのは自動車メーカーで、人事部門で働きました。バブルの頂点に至る時代です。その頃の大企業というものを垣間見ました。その後、転職して求人広告の営業として多くの企業の人事部と接しました。ここでバブルの崩壊を目の当たりにし、あっという間に求人広告数が減少してしまう事態を経験し、さらにそれまで引く手数多だった職種が、いきなり「いらない職種」になってしまう様も見ました。

その後、私はＴＳＵＴＡＹＡ事業やＴポイントをはじめとするデータベースマーケティング事業で知られるカルチュア・コンビニエンス・クラブ（ＣＣＣ）や、クリエイターエージェンシーのパイオニアであるクリーク・アンド・リバー社で人事部長を務めることになり、成長期の企業のＨＲを経験しました。うまくいったこと、失敗したことも多々あります。

そして２００８年に人事コンサルタントとして起業して以降、４００社以上の人事制度や教育研修にたずさわってきました。

これまでの経験からはっきり言えることがあります。それは、ＨＲで成功している企業と失敗してしまった企業には、決定的な違いがあるということです。

ＨＲで成功している企業は、ＨＲ施策に対する「考え方」をしっかり持っている。逆に失敗してしまった企業は、「考え方」をしっかりさせる前に「やり方」に走ってしまっている、ということです。

コロナショックという前代未聞の事態に見舞われた今、ＨＲの課題はますます山積しています。しかし、ここで焦るのは禁物です。優秀な人材がさっさと去っていく時代です。人事制度を改悪するようなことがあれば、ライバルにあっという間に差をつけられてしまう状況にあると言っていいでしょう。

人事部はもちろん、人材育成に関わる現場マネージャー、そしてもちろん経営者など、ＨＲに関わる人の認識によって、企業に決定的な影響を与える可能性があるのです。

「欧米企業はこうしているから」「他社はこうしているから」といった理由で、安易に「やり方」を取り入れて、後になって大きなダメージをもたらしたケースは多数あります。「人」に対する「考え方」を中途半端にしたまま、「やり方」に走ってしまってはいけません。「あれは失敗だったよね」では許されないのがＨＲの領域です。

単純にジョブ型などの人事制度を導入したりするのではなく、ＨＲの最適化を目指して、「考え方」を見直すことから始めてほしいと思います。

繰り返しますが、ここで打ち手を誤ってはならないのです。

本書は、「ＨＲに今何が求められているのか」、それに対して「どう考えるべきなのか」、そして「何をしなければならないのか」について提言するものです。しっかりと「考え方」を整理して、企業成長をもたらすＨＲを展開していただきたいと願っています。

２０２１年2月

西尾　太

目次

第3章 超ジョブ型プロフェッショナルの育成と受け入れ

第4章 ビジネスモデル革新とHR戦略

第5章

人事部トランスフォーメーション

第6章 「やり方」ではなく「考え方」から始める

〈付録〉
セルフジョブディスクリプションの記入フォーマット
・記入のポイント
・記入例 （人事部門長、営業マネージャー）

第 1 章

「第4次人事革命」が はじまっている

人材ポートフォリオの激変

ＨＲの役割は時代と共に変化してきました。経営環境が変わるとＨＲ関連のルールも変わります。そして現在、企業のＨＲを取り巻く環境には、非常に大きな変化が押し寄せています。「ジョブ型雇用」「ＤＸ」「テレワーク」「ＡＩ・ＲＰＡ」「ＳＤＧｓ」「副業」「正社員の独立事業主化」「黒字リストラ」……。

企業はこの大きな変化に対応していかなければなりません。これを私は「第４次人事革命」と呼ぶことにしました。

ＨＲの役割を直感的に示す図で説明しましょう。

次の図は、「人材ポートフォリオ」と言い、仕事の形態と働き方を簡単に示したものです。（「Ｗｏｒｋｓ42」リクルートワークス研究所２０００年を基に、筆者追記構成）

横軸は、目指すべき成果の違いによる分類です。左は「運用（決められたことを決められた通りに行うこと、結果が見える仕事）、右は「創造（新たな価値を創造する、変革をもたらす）」です。

縦軸は、働き方による分類です。下は「プレイング（一人で結果を出す）」、上は「マネジメント（チームを巻き込み、率いて結果を出す）」です。

これでポートフォリオを組むと、それぞれに当てはまる人材は次のようになります。

左下はオペレーター：決められたことを決められた通りに実行する人

左上はマネージャー：オペレーターを管理して決められたことを決められた通りに実行させる人

● 人材ポートフォリオ①

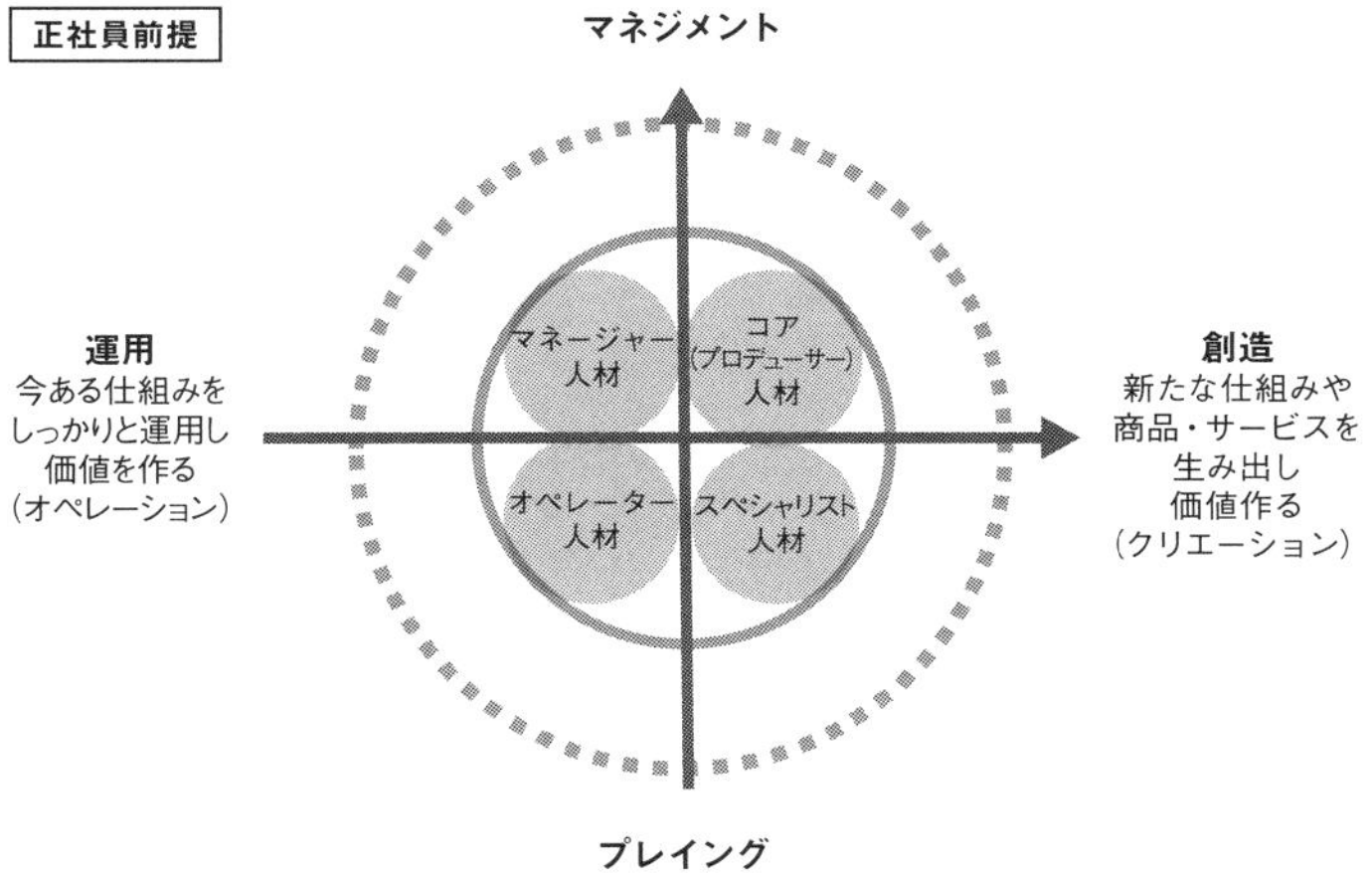

右下はスペシャリスト：一人で高い専門性を持って価値を生み出す人

右上はコア：組織を率いて、新たな価値を創造する人

ＨＲ戦略では、それぞれのポートフォリオの人材をどれだけ確保し、またどのようにコアやスペシャリスト、マネージャーを育成するかを考えます。

二重の円の内側は「正社員」を意味します。外側の円（点線）は「正社員以外」です。

昔のＨＲは、内側の円の中、つまり「正社員のみ」を管理していればよかったとも言えます（人材ポートフォリオ①）。人事部の仕事という

● 人材ポートフォリオ②

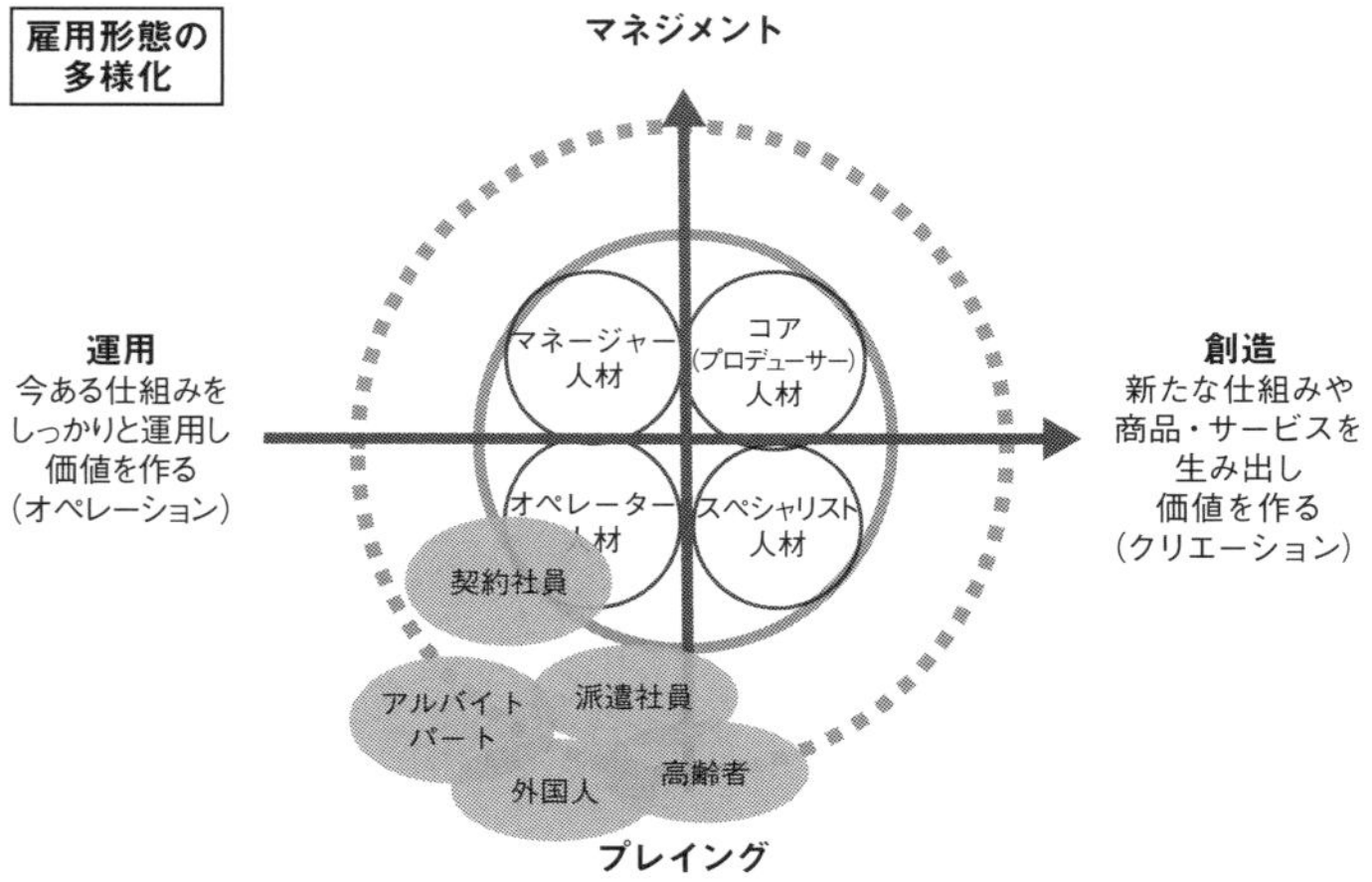

のは、もともとこの内側の円の中の採用・育成・給与・評価などの制度を考える仕事でした。

しかし、派遣社員や契約社員など非正規雇用と言われる雇用契約の形態が増えました（人材ポートフォリオ②）。

さらに、「雇用契約」以外の契約形態も増えていきます。業務委託や外注、アウトソーシング、クラウドワーカー、顧問などです（人材ポートフォリオ③）。これらは人事部の仕事ではないことが多いのですが、企業がＨＲ戦略を考える上では大切な論点です。

そして、昨今は、これに加えてＡＩ・ＲＰＡ

人材ポートフォリオ③

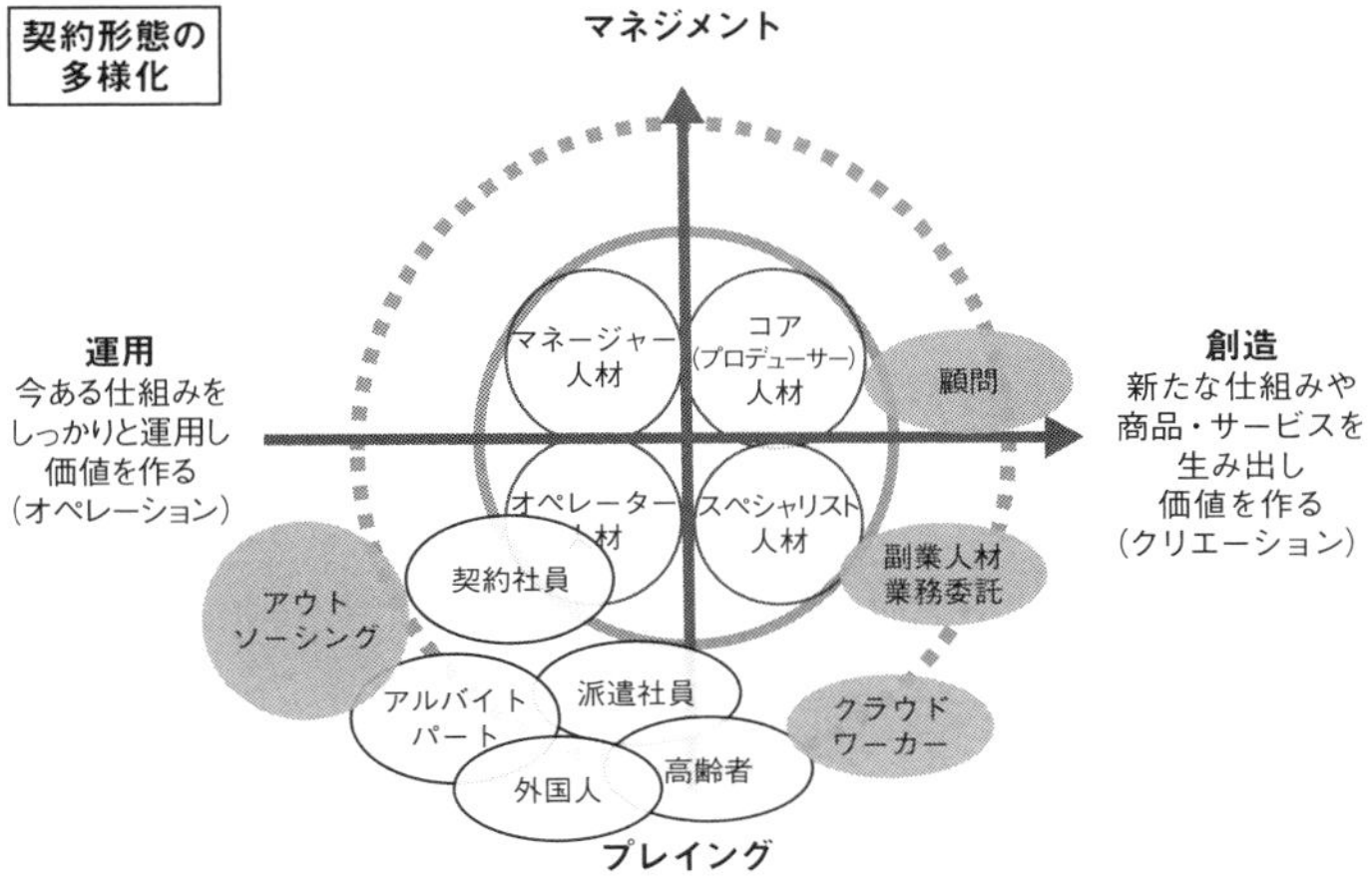

の活用が進み始めました（人材ポートフォリオ④）。ＡＩ・ＲＰＡは、場合によっては人に代わり、人と同等、あるいはそれ以上の仕事を行います。正社員が行ってきた領域にも、ＡＩやＲＰＡが進出します。

もはや、ＨＲ（ヒューマンリソース）とは言っていられません。「労働力」と考えれば、ＨＲの対象は「人」には限らなくなってしまっています。

そして新型コロナ対策としてテレワークが広がり、ジョブ型への移行を検討する企業が増え、さらにはＤＸ対応や副業解禁なども重要な検討課題になっているというのが現状です。

● 人材ポートフォリオ④

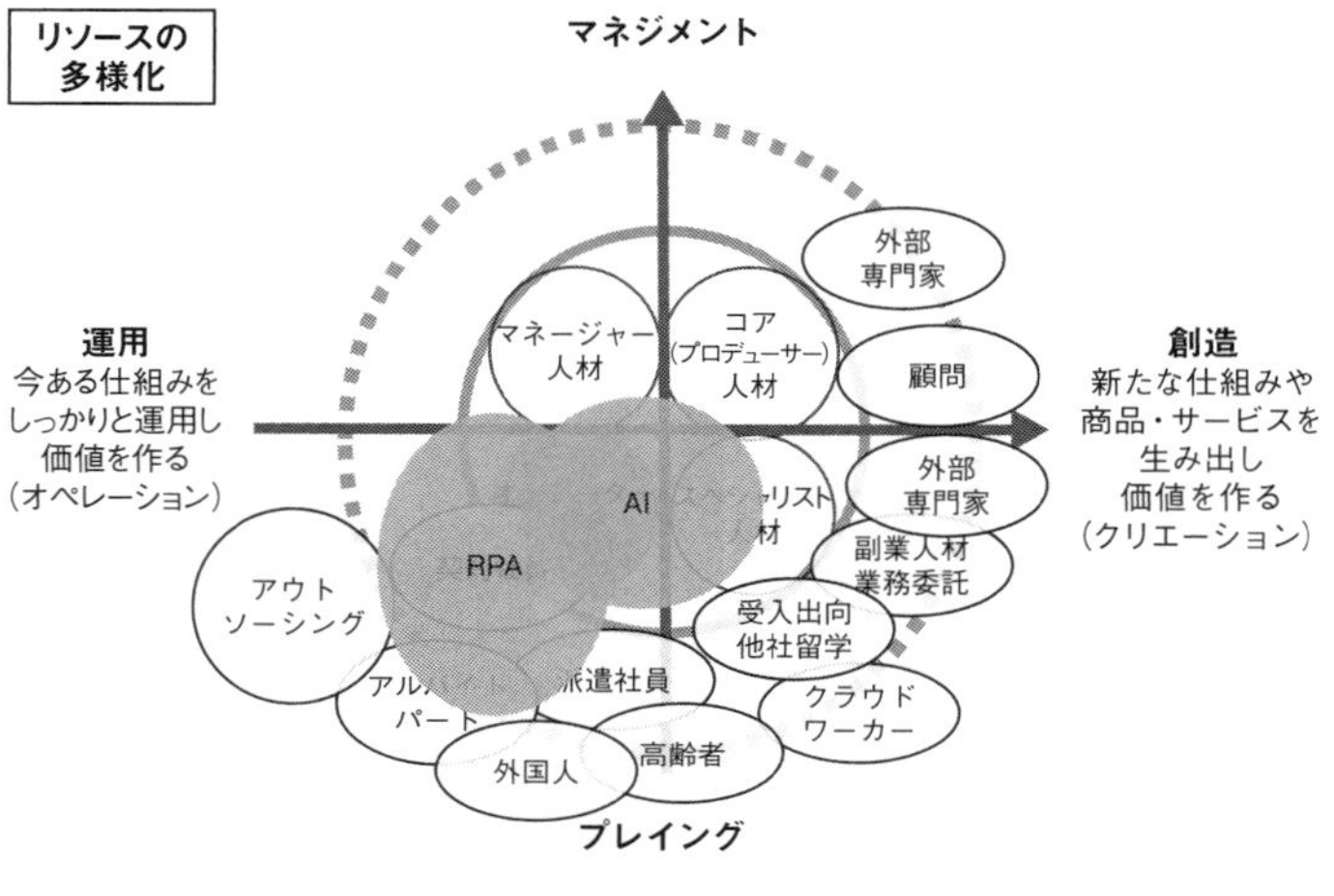

「第3次」以前の失敗を繰り返す懸念

では、なぜ「第４次」か。

日本の企業は過去に何度も「革命」と呼べる時代の変化にさらされ、そのたびにＨＲにも大きな変化が訪れました。

ここで、簡単に「第１次」から「第３次」を振り返ってみましょう。

歴史から学ぶことは、ＨＲに限らず、とても大切なことなのです。

【第1次人事革命】　高度成長の終焉　能力主義の時代へ

１９７３年のオイルショックを機に日本の高度成長が終焉し、日本経済も企業も成長スピードが落ちてきた時期に、「職能資格制度」の導入が進みました。それまで日本企業の強みとして、高度成長を支えてきたのが、年功序列や終身雇用でした。そして、年功的賃金に加えて、「部長」「課長」などのポスト（職位）で人を処遇していました。

しかし、高度成長が終わったことで、ポストが増えなくなり、人をポストで処遇できなくなりました。そこでポストに代えて、「能力」を表す「職能資格」で処遇しようとして導入されたのが「職能資格制度」です。

これにより責任者としての「部長」は一人ですが、「部長級」の人は複数設置できます。「部長代理」「担当部長」など「部長」ではない人も「職能資格」によって、それなりに「偉い」人として、処遇できるようになりました。

「職能資格」は「能力」の資格であり、「能力」は経験と共に年々積み重なります。ビジネスパーソンの「能力」に関しては、そうそう「落ちる」ということはありませんから、年功序列や終身雇用との相性もバッチリで、当時の日本企業の多くがこの仕組みを導入しました。ポストがなくても能力で処遇すればよいのです。

高度成長は終焉しても、まだ企業に余裕があった時代の仕組みと言ってもいいでしょう。

【第2次人事革命】　バブル崩壊　成果主義・年俸制・職務主義の導入

1980年代の後半に、日本は空前の「バブル景気」に沸きました。ところが1990

年代に入り、バブルがはじけます。

企業業績の悪化はＨＲにも急激な変化を求めることになりました。「人」を「能力」では処遇できなくなったのです。そして、「欧米ではどうやら成果主義らしいぞ」ということで、「能力が仮に高くても、成果を出さなければダメだよね」ということになっていきました。

この「成果主義」への潮流と、中高年のリストラはほぼ同時に進行します。「成果を出さない人はいらない」という方向に一気に舵を切ったのです。年功序列と終身雇用に激震が走りました。

当時は、大手企業の人事担当者が、「同じ課長職でも、成果で年収に数百万円の差が出るんですよ」と自慢げにインタビューに答えていたものです。

成果主義と相まって導入されたのが「年俸制」です。年俸制は、プロスポーツ選手のように、年収全体を「洗い替え方式」で毎年決めていく給与体系です。洗い替え方式とは、極端に言えば「去年いくらの年俸だったかなんて、今年は関係ないよ」という仕組みです。年俸制の導入は、成果主義とあいまって、「年収を乱高下させる仕組み」として多くの企業が取り入れました。

今でいう「ジョブ型」の導入を試みた企業もありました。これを「能力主義」や「成果主義」と並べて「職務主義」とも言います。「ジョブディスクリプション（職務記述書）」により職務を明確にし、人ではなく「仕事」に焦点を当てるこの仕組みは、年功序列を否定するものとして、合理的に映りました。

正社員がリストラされる一方で、派遣スタッフも増加しました。「正社員を増やさず、非正規雇用を増やす」というHR戦略をとるケースが半ばあたりまえになっています。非コア業務をアウトソーシングする流れも、固定費削減に走る企業で加速しました。

これらの非正規雇用の増加や業務のアウトソーシングは、HRという領域の一部を人事部が現場に丸投げしてしまうという現象も引き起こしました。私がCCCにいたころ、当初人事部は派遣スタッフの採用に関わっていませんでした。気がつけば、現場の判断で、いろいろな派遣会社から派遣スタッフを受け入れており、「いったい何人の派遣スタッフが働いているのか誰にもわからない」という状況に陥っていました。アルバイト・パートの採用についても、現場の判断に委ねられていました。

その流れで、この頃、「人事部不要論」が巻き起こりました。年功序列や終身雇用ではなくなっていくのだから、現場が人事をすればいいのであって、従来型の人事部はいらない、というわけです。

「当社は人事部を廃止しました」と誇らしげに語る経営者もマスコミに取り上げられていました（その会社にはいつの間にか人事部が復活しています）。

これにより、人事担当者の多くは、他部門にローテーションされることになります。自動車メーカー時代の私の上司も、人事部門から異動、出向になりました。

大手企業の人事部門のＯＢと今でも親交がありますが、このような話を聞きました。

「あの頃、人事のプロはみんな他に飛ばされて、人事部門にはローテーションで他部門から人が来て、また異動していくといった通過点としての部門にすぎなくなった。だから、人事のプロフェッショナルがいなくなってしまったんだよ」

【第３次人事革命】　成果主義の失敗と行動主義の導入

第３次は第２次の揺り戻し期と言えます。

「行き過ぎた成果主義」は様々な問題を引き起こしました。

成果主義そのものは間違っているとは言えません。合理的な考え方です。しかし、覚悟をもって導入し、辛抱強く運用しなければ悪影響を及ぼします。「わざと目標を甘くする（それを見分けることがなかなか難しい）」「自分さえ成果を出せばよい、というチームワークを阻害する考え方がはびこる」「その結果、上司が部下を育てなくなる（自分が成果を出さなければ年収が下がってしまう）」「今年度の成果を上げることに注力しすぎる」など、多くの問題が浮き彫りになりました。

職務主義を導入した企業においても、「ジョブディスクリプション」を組織変更ごとに書き換えなければいけない、ということに気づきました。ローテーション人事で人材を育成する日本企業には合わない、ということになり、「元に戻す」あるいは「いつの間にか終わっていた」という話も聞きます。

「年俸制」を従来の「基本給＋賞与制」に戻した企業も多数ありました。「年俸制」は、年収を洗い替えして変動させる仕組みですが、実際は様々な要因でそれができず、上げる時は20％近く上げるが、下げる時には6％程度しか下げられていない、という運用実態を複数の企業で見てきました。これでは人件費がどんどん膨張して経営が破綻してしまいます。

しかし「実際は下げられない」にもかかわらず、年俸制の社員は「どこまで下がるのか不安で仕方がない」「住宅購入などの生活設計もできない」という不安が渦巻きました。こうして年俸制は「誰も得しない」仕組みになってしまったのです。

結局のところ、バブル後に導入されたＨＲの施策は、その多くが「頓挫」してしまっています。その間に、度重なる改革とその失敗により、会社に対する社員の信頼は失われました。「愛社精神」という言葉は、昭和に置き忘れられたかのようです。

２０１６年の調査では、日本は「社員が自分の働いている企業を最も信頼していない国」になってしまいました（２０１６エデルマン・トラストバロメーター）。その後の調査ではやや回復しましたが、企業不正が多発してしまった理由の一つもここにあります。

なぜ、このようなことが起こってしまったのか。いま、変化の時代に改めて確認しておくべきではないでしょうか。これは「ＨＲの失敗」と言ってもいいと思います。

「行き過ぎた成果主義」の反省から、それでも「能力主義」には戻れない多くの企業は、「行動主義」に移っています。行動主義とは、「成果を出すための行動」に焦点を当てる制度です。「能力」は落ちませんが、「行動」は発揮されなければ評価につながりません。場合によっては「給与を下げる」ことは可能です。

行動を評価して基本給に反映し、成果を評価して賞与に反映する、という方式は、長く続けられる制度として定着している状態です。ここに一定の解があると私は考えています。これについては、第3章で説明します。

【第4次人事革命】 まずは「考え方」をしっかりさせる

そして、第4次人事革命が始まっています。経営者も人事部も現場も対応しなければならないHRの課題が山積みです。しかし、いったい何からどうやっていけばいいのか、悩んでいる企業も多いと思います。

HR施策で有名な会社が行う「新しい何か」についてのセミナーがあれば、多くのHR担当者が集まります。HR担当者の多くは「新しいもの」が好きです。

そのような「HRの新しい取り組み」については、メディアもその目新しさから取り上げます。それはあたかも「これからはこれだ!」と言われているようです。

経営者もこのような情報に敏感です。「なぜこれを当社では行わないのか！」という経営からの問いかけに対し、ＨＲ担当者は右往左往します。「いまの当社ではこれは時期尚早です」と断言はできません。

しかし、「成果主義の失敗」「年俸制の廃止」「人事部廃止の失敗」「人事制度改定の失敗」など、ＨＲの失敗・失策は数限りません。

ＨＲ施策の失敗は、すぐにはわかりません。１年、２年と運用し（運用そのものができない場合も多々あります）、その結果、「これ、だめだよね」ということになります。

安易に制度変更などに走ると、第２次以降に起こったことと同じことになってしまうのではないかという大きな懸念があります。

歴史は繰り返すと言われます。新しいＨＲ施策を展開するにあたっては、まずこれまでに何があって、何が失敗だったのかを振り返っていただきたいと願うのです。同じ轍を踏まずに、前に進むことが求められています。

同時に、必ず議論してほしいことがあります。「はじめに」で述べた通り、「やり方」の前に、まずは「考え方」をしっかりとさせる必要があります。会社の目指す将来像やビジネスモデルに照らし合わせながら、ＨＲの「考え方」を整理しておく必要があります。その議論には、人事部だけでなく、ＨＲに関わるすべての人が参加すべきです。

では、どう考えていったらいいのでしょうか。それを次章以降で解説していきましょう。次章では、対応すべきＨＲの課題について解説します。

第2章

対応すべき課題

ＨＲの施策は他に様々な影響を及ぼす

次の図は、私が人事担当者向けの講座「人事の学校」において、必ずお伝えしている「ＨＲの領域」です。

それぞれの詳細についてはここでは述べませんが、ＨＲの領域は広く、そして、それぞれの領域が相互に密接に関連しているのです。

「採用」の前提には「人員計画」があり、経営計画と関連します。会社の理念と同じ方向を向いてくれる人を「採用」し、その上で「配置」があり、「育成」があります。

「育成」は「評価」と密接であり、「評価」は「給与」に関連します。「給与」は「労働時間管理」と密接であり、給与支給は、会社の就業規則をはじめとする「規程」と密接です。

これらのそれぞれを「単独」で考えてはいけません。どこかのボタンを押せば、どこかが光るのです。ＨＲの施策は他に様々な影響を及ぼします。

そして各施策は、その会社の「人に関する考え方」である「人事ポリシー」に基づきます。当然「人事ポリシー」は会社の価値観とも言える「経営理念」と非常に密接です。

ＨＲ担当者は、これらすべての領域について考察し、様々な関連性を想定しながら、施策を企画し、展開しなければなりません。

これから述べる第４次人事革命で想定しなければならない変化についても、その影響をよく考えて施策の展開をしなければなりません。

HRの領域

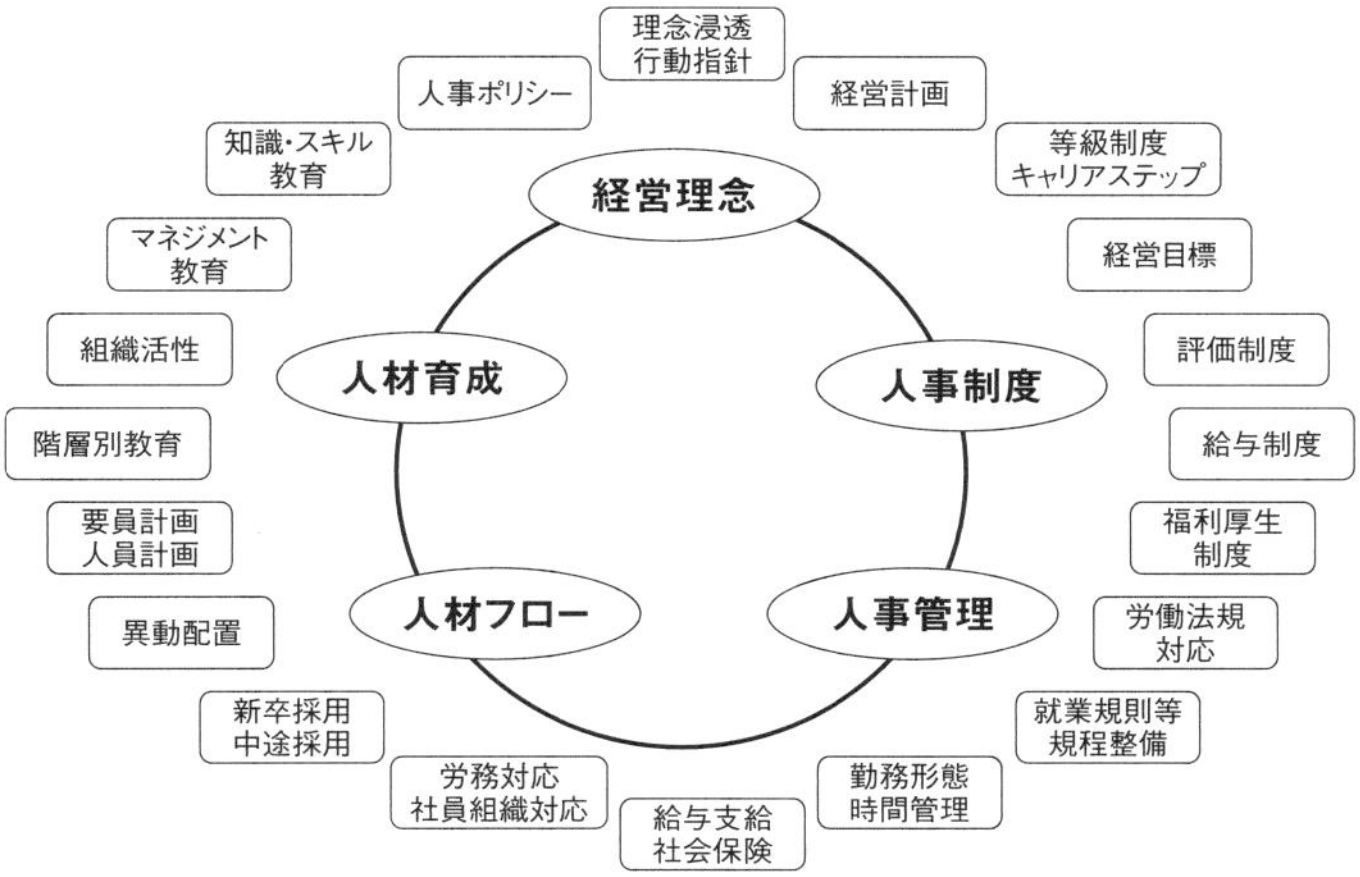

課題①ジョブ型

自分のジョブディスクリプションを自分で書けない社員はいらない

「ジョブ型雇用」という言葉が新聞誌上を賑わしています。日本経済新聞によると、「ジョブ型の雇用制度」とは、「一人ひとりの職務を明確にして、責任の大きさと成果で報酬を決める」とされています。２０２０年8月27日の日本経済新聞には、次のような記事がありました。

「全社員のジョブ型雇用への移行を目指す富士通。総務部門はジョブディスクリプション（職務記述書）と呼ばれる文書の作成に追われている。すべての職務内容を明確にした上でグローバル共通で職責を格付けする。「販売」「マーケティング」といった部門ごとに従業員に求めるスキルも明文化していく。移行後は上司に命令された異動は大幅に減り、社内公募で能力をアピールしポストを移ることになる。報酬は職責の格付けに応じて決定。職責が重いポストに就けば報酬が上がる一方、ポストが変わらなければ報酬は上がりづらくなる。仕事の範囲が明確なので、自分の仕事が終われば上司の目を気にせずに帰宅しやすくなるかもしれない」

「ジョブ型雇用」では、仕事をジョブディスクリプション（職務記述書）により定義します。ジョブディスクリプションには、該当するポジションの職務の目的・職務内容・責任範囲・必要なスキルや経験を細かく具体的に記述します。そこにいる「人」に「何をしてもらうか」を考えるのではなく、「仕事ありき」で、「その仕事を誰にしてもらうか」と考えます。

ジョブ型については２０１９年に経団連の中西宏明会長が会見で繰り返し触れていましたが、その導入機運が一気に高まったのは新型コロナウイルスの影響が大だと思われます。在宅勤務などのテレワークは「仕事ぶりが見えない」「成果が見えない」ので、その解決策として、ジョブ型が注目されたのです。そしてコロナ禍の最中に日本経済新聞に繰り返しジョブ型雇用導入に関する記事が出たことと相まって、「すわジョブ型だ！」という流れになっているように見えます。

ただ、「ジョブ型雇用」については、「諸説」あり、「成果主義なのかそうではないのか」「個々の社員の職務能力評価をするのかしないのか」「解雇がしやすくなるのかならないのか（解雇規制が厳しい日本ではしやすくはならないでしょう。そもそもジョブ型雇用と解雇は同列に語ることではありません）」「賃金が下がるのか下がらないのか」など、論議を呼んでいます（日本経済新聞２０２０年12月7日の「経済教室」、本田由紀・東京大学教授による「ジョブ型雇用と日本経済㊦専門性とスキルの尊重を」より）。

これら諸説については、メディアや学者の皆様で論議されているので、その動向を注視していただくのもよいとは思います。

ただ、正しく理解することはとても大切ですが、要は、「それぞれの企業がどのような考え方で人事施策を企画して運用していくか」ということが大事で、「何が正しいのか」ではなく、「正しいと信じるものを導入して運用していく」ということだと私は考えます。

完全な「ジョブ型雇用」は現行では無理

ジョブ型雇用の対極にあるとされているのが「メンバーシップ型雇用」です。メンバーシップ型は、日本型雇用の典型です。「新卒一括採用」をして同じ研修を行い、ジョブローテーションにより様々な職場を経験させ、視座と視野の形成をさせて育てていく、というものです。

長期的な視点で雇用し、複数の部署を経験させることにより、長い期間かけて適性を見て、また複数の上司に仕えることにより様々な教えを受け、それにより評価の公正性も担保しながら、成長させていこうとするものです。終身雇用と年功序列にもマッチします。

ジョブ型と日本型（メンバーシップ型）の違いは、日本経済新聞2020年8月27日の記事に、次の表のように示されています。非常にわかりやすく記述されていますが、この通りのジョブ型に変わるとしたら、それは「大変革」を意味します。この表のように、欧米企業と同じようなジョブ型を日本企業が導入したら、以下のような問題が予想されるからです。

・そのジョブが遂行できない人をどうしますか？　給与を下げられますか？
・人が足りない部署があった時に、会社の判断で異動しにくくなりますが、問題は生じませんか？
・ジョブディスクリプションを誰が書き出しますか？　コンサルタントに依頼すると、非常に高額になります。そして、組織変更するごとに書き換えるのでしょうか。
・誰のジョブディスクリプションにも書かれていない仕事を誰がやりますか？
・そのジョブが会社で不要になった場合どうしますか？　退職勧奨はできますが、対象者が応じなかったらどうしますか？

● ジョブ型と日本型の比較

	従来の日本型	ジョブ型
会社と社員	雇用を保護	対等
採用	新卒一括採用・定年雇用	事業計画に応じ職種別に採用
キャリア形成	会社に裁量	本人同意・公募中心
報酬	社内の公平性重視、年功で配分	外部競争力を重視、職種別に報酬
退職	定年退職・自己都合退職	退職勧奨もあり

（出所）日本経済新聞2020年８月27日

・複数の職場や職種を経験させ、経営幹部に育てたい人材についてはどうしますか？

「ジョブ型」の場合、「解雇（日本では実質できません）」「退職勧奨」のみならず、「ポストオフ（そのジョブからはずす）」による「年収ダウン」は当然考えなくてはなりません。一方、会社の「人事権の行使」としての「人事異動」も、そう簡単にはできなくなることも想定しなければなりません。

終身雇用でメンバーシップ型だった日本企業が、急に「完全なジョブ型雇用」に切り替えるのは無理なのです。

日本的な「ウエットなジョブ型」という言葉も聞かれます。ウエットなジョブ型とは、それまでの日本的雇用慣行に照らし、ジョブが遂行できない社員も「給与は下げない」「他に活躍してもらう場所を会社が探す」というジョブ型のようです。

それはもはやジョブ型ではないでしょう。ジョブ型は「ドライ」であるからこそ機能するのであって、「ウエット」なそれは、もはやジョブ型ではないのです。結局、まあ少し「仕事を明確にしました」程度になってしまいます。

また、中堅・中小企業やベンチャー企業においては、一人がカバーする仕事の範囲は広くなります。また、変化も激しいものです。「会社が職務を定義する」ことの弊害は、ここでは大きくなるでしょう。「それは私の仕事ではありません」という社員が増えて困るのは経営者です。

派遣スタッフや中途採用はすでにジョブ型

しかし、実はジョブ型はすでに多くの企業が取り入れています。

例えばアルバイトの採用などは、「○○業務　時給1200円」などと募集します。あるいは派遣スタッフの仕事も内容が規定されています。これらは「ジョブ型」と言えるでしょう。

また、中途採用の際には、ジョブを示して募集するのが普通でしょう。私は、人事部長候補としてクリーク・アンド・リバー社に転職しました。どのような仕事をしてほしいのか、という職務記述書ともいえる「求人票」と「募集要項」があり、想定される処遇も記載されていました。そのジョブに対して私が適任かを判断されて、採用いただいたと思います。クリーク・アンド・リバー社は、経理マネージャーを求めていたわけではありません。また、入社後にジョブローテーションで経験を積ませよう、とまでは考えていなかったと思います。まさしく「ジョブ型」です。

経験者を中途採用している多くの企業は、その時点で「ジョブ型」を取り入れているわけです。ジョブディスクリプションは、ある程度求人票に示されているのです。

つまり日本企業は「新卒一括採用」とその後のキャリアについては「メンバーシップ型」ですが、非正規雇用や中途採用に関しては「ほぼジョブ型」というのが現実ではないでしょうか。

その企業への入口が、新規学卒者だけであった時代ならばともかく、人材の流動化が（以前よりは）進んでいる現在では、経験者の中途採用において、すでにジョブ型は進行していたと言えます。

モチベーションが下がるジョブ型、上がるジョブ型

では、仮にジョブ型を導入して、会社がジョブディスクリプションをしっかり定義したとしましょう。それで社員はやる気になるでしょうか。

「あなたの仕事はこれです、よろしくね」って言われて、「はい、がんばります」となるでしょうか。その人が「その仕事をぜひやりたかった」「その仕事でキャリアを積んでいこう」と考えているのならば「あり」ですが、全社員にそう都合のいい「それをぜひやりたかった」という仕事を用意できるでしょうか。人気のない職種はどうするのでしょうか。年収を上げますか？

人気のない職種の年収を上げたとしましょう。きっと最初は意気に感じてその職種をするかもしれません。しかし、お金でのモチベーションは長続きしません（詳しくは第3章参照）。そのうち、その仕事が嫌になるかもしれません。そうしたらまたその仕事の年収を上げますか？

そもそも「他人が決めた仕事」を行うこと自体、モチベーションを維持しにくいのです。仕事を会社が定義してしまったら、「モチベーションが上がらない社員」「仕事の範囲を広げたりレベルを高めたりしようとしない社員」が増えてしまうことも考えられます。

以上のような課題を踏まえると、ジョブ型なんて無視して、今まで通りの「曖昧な日本型の人事」のままでいいではないか、と思われる方も多いと思います。

また、テレワークが進んでいくとしても、その人事管理方法が「ジョブ型」とは限りません。他にいくらでも対応策はあります。後述するように、その人の「ミッション」と「目標」を明確にすることが基本です。

しかし、ジョブ型の導入を検討する意味がないかというと、そうではありません。ジョブ型の良さを活かす方法を考えることは有意義だと思います。

仕事とその成果を定義することは、効率化につながります。「何をしているのかよくわからない」という社員も減るでしょう。

ジョブ型という考え方が、まったく間違っているわけではありません。モチベーションが上がるジョブ型もないことはありません。

ジョブディスクリプション記入のフォーマットを提供する

そこで社員のモチベーションを上げる「ジョブ型的」な方法として、提案したいことがあります。

それは「社員に自分の仕事のジョブディスクリプション」を書いてもらうことです。フォーマットは会社が用意すればいいと思います。

「職種名」「その仕事のミッション」「仕事内容」「求められる成果」「組織内での役割」「その仕事をするための経験・スキル・知識」「その仕事に向いている人のパーソナリティ」「募集の際の想定年収」などです。これを個々人に書いてもらえばよいと考えます。

「自身が退職または異動した時に、その仕事をしてもらう人を、社外から募るとしたら、どのような求人票になるか」と考えて書いてもらうとしてもいいでしょう。

自分で自分のジョブディスクリプションを書けば、自らの役割や求められる成果を再認識するでしょう。そして「自分で仕事を定義する」ことで、モチベーションの維持・向上も図れるかもしれません。

「他人に言われた仕事」はやる気になりませんが、「自ら宣言した仕事」にはやる気を感じるものです。後述しますが、P・F・ドラッカーが1954年に提唱した「目標管理制度」は、「社員が自ら目標を考えて組織に認めてもらい、自らセルフコントロールしてその目標を達成することにより、モチベーション高く働くことができるのではないか」、という考え方によるものです。

HR部門や経営陣は、こうして社員が自ら書いた「ジョブディスクリプション」を精査すればよいのです。ジョブディスクリプションを書くための「職務の抽出」に多額のコンサルタントフィーを払う必要もなくなります。なにせその仕事を今行っている本人が書いているのですから、間違いも少ないはずです。

そして、この作業は、もう一つの効果を生みます。自分で自分の仕事を定義できない社員をあぶり出すことになります。また、「これは本当に必要な仕事だろうか」と検証することもできます。

こう考えていくと、「ジョブ型だから、メンバーシップ型ではない」という考えに陥ってしまうのは得策ではないでしょう。「ジョブ型」か「メンバーシップ型」かの対比は、「人材育成方針」につながるものです。

スペシャリストを育てていくのか（ジョブ型）、多様な経験と視座・視野を持った経営人材（コア社員）を育てていくのか（メンバーシップ型）、といった根本の思想をよく考える必要があるのです。この点については第3章で解説します。

ジョブディスクリプションの記入例

巻末に、ジョブディスクリプション記入用紙のフォーマット例を掲載しています。社員それぞれが自分の仕事を記述することを想定したものです。

そのフォーマットを使って、人事部門長のジョブディスクリプションを書いた例が次の図です（巻末には、記入のポイント、「人事部門長」「営業マネージャー」の記入例も掲載しています）。

● セルフジョブディスクリプションの記入例（人事部門長）

<table>
<tr><td colspan="9">セルフジョブディスクリプション</td></tr>
<tr><td colspan="9">（自身が異動・退職した場合に、後任採用・配置のための求人票を想定して記入してください）</td></tr>
<tr><td colspan="3">職種名</td><td colspan="6">人事部門長</td></tr>
<tr><td colspan="3">ミッション</td><td colspan="6">会社と社員のベクトルをより合一にしていくこと</td></tr>
<tr><td colspan="3" rowspan="4">価値を提供する相手</td><td colspan="6">・経営陣</td></tr>
<tr><td colspan="6">・管理職層</td></tr>
<tr><td colspan="6">・社員</td></tr>
<tr><td colspan="6">・応募者</td></tr>
<tr><td rowspan="9">タスク</td><td rowspan="9">業務内容</td><td colspan="3" rowspan="2">業務内容</td><td colspan="4">業務種別</td></tr>
<tr><td>戦略</td><td>企画</td><td>運用・判断</td><td>オペレーション</td></tr>
<tr><td>全体要約</td><td colspan="2">経営戦略立案に関して人事戦略の側面からその策定に参画する。その上で、人事戦略実現のための各種企画を行い、その運用管理責任を負う。採用・配置・育成・管理において、より効果的・効率的な運用を行う</td><td>30%</td><td>30%</td><td>40%</td><td>%</td></tr>
<tr><td colspan="2">業務別業務内容</td><td>ウエイト（重要度）</td><td>戦略</td><td>企画</td><td>運用・判断</td><td>オペレーション</td></tr>
<tr><td rowspan="5">業務別</td><td>①人事戦略立案と実行</td><td>20%</td><td>50%</td><td>30%</td><td>20%</td><td>%</td></tr>
<tr><td>②人員計画の策定と採用・代謝計画の実行</td><td>20%</td><td>20%</td><td>40%</td><td>40%</td><td>%</td></tr>
<tr><td>③人事制度改定・運用</td><td>30%</td><td>30%</td><td>30%</td><td>40%</td><td>%</td></tr>
<tr><td>④人材育成体系の確立と運用</td><td>20%</td><td>20%</td><td>40%</td><td>40%</td><td>%</td></tr>
<tr><td>⑤人事管理体制・規程の改定と運用、勤労業務</td><td>10%</td><td>20%</td><td>40%</td><td>40%</td><td>%</td></tr>
<tr><td rowspan="6">対人関係</td><td colspan="2">レポートライン</td><td colspan="6">社長・人事担当役員</td></tr>
<tr><td rowspan="2">影響人数</td><td>部下</td><td colspan="6">人事部門メンバー 14人</td></tr>
<tr><td>社内外（指示範囲）</td><td colspan="6">人事関連取引先、役員・各管理職</td></tr>
<tr><td colspan="2">他部署との関係</td><td colspan="6">経営企画部門との連携は必須。経理・法務・総務各部門との連携。各本部との連携</td></tr>
<tr><td colspan="2">同僚との関係</td><td colspan="6">管理本部及び各事業部門部門長との密な連携を要する</td></tr>
<tr><td colspan="2">人材育成・後輩指導</td><td colspan="6">全社育成体系の確立と運用、人事部門内メンバー 14人の育成責任</td></tr>
<tr><td rowspan="10">必要経験
必要知識・スキル</td><td colspan="2">未経験から業務ができるようになるまでの期間</td><td colspan="6">10年（ただし、この他に他職種経験も必要）</td></tr>
<tr><td rowspan="2">必要なコンピテンシー</td><td>必須項目</td><td colspan="6">戦略策定、変革力、組織運営、目標設定、計画立案、説得力、決断力、問題分析</td></tr>
<tr><td>有効項目</td><td colspan="6">傾聴力、プレゼンテーション力、クオリティ、スペシャリティ</td></tr>
<tr><td rowspan="7">必要な知識・スキル</td><td>必須項目</td><td colspan="6">関連法規・人事関連規程に関する知見（要点を理解していれば可）、人事分野全般への知見・経験</td></tr>
<tr><td>有効項目</td><td colspan="6">営業スキル、ロジカルシンキング、PCスキル（PPT、Excel、Access）</td></tr>
<tr><td rowspan="5">業務別</td><td colspan="6">①戦略フレーム等、戦略立案に関する知識・スキル</td></tr>
<tr><td colspan="6">②計数知識（人員シミュレーションに活用）</td></tr>
<tr><td colspan="6">③人事制度に関わる各種施策に関するメリット・デメリット・他社事例等の知見</td></tr>
<tr><td colspan="6">④教育手法に関する知見</td></tr>
<tr><td colspan="6">⑤労働法規・人事的リスクマネジメントに関する知識・経験値</td></tr>
<tr><td>キャリアプラン</td><td colspan="2">次のキャリアのイメージ</td><td colspan="6">管理本部長（ただし、経理・財務的知見が新たに必要）
経営企画室長（経営計画策定・組織戦略策定に関する知見が新たに必要）</td></tr>
<tr><td colspan="3">この仕事に向く人の特徴等自由記入</td><td colspan="6">営業経験があると尚可。
中長期的視野に立てること、仮説を検証して決断に導くことが早い人。
物事を立体的に見られること。
清濁併せ呑むことができる人。
経営陣と丁々発止のコミュニケーションができる人。</td></tr>
<tr><td colspan="3">想定年収</td><td colspan="6">1200万円</td></tr>
</table>

記入する項目がたくさんあって、「こんなもの書けない」と思うかもしれませんが、自分の仕事についてきちんと考えて、やるべきことを整理し、実行している人なら、書けるはずです。

では、ジョブディスクリプションを自分で書くためのポイントを説明しましょう。

「ミッション」は、「どのような価値を出していくのか」を言い表してください。「〇〇をより〇〇していくこと」などと記入します。人事部門長なら「会社と社員のベクトルをより合一にしていくこと」、営業マネージャーなら「顧客との関係をより強固にし、自社の価値提供量を高め、売上を伸ばすこと」などがミッションになるでしょう。他者から見て、「ウキウキする」ものになるとよいでしょう。

「価値を提供する相手」は、その仕事の価値を提供する相手です。人事部門長なら「経営陣・管理職層・社員・応募者」などが考えられます。営業マネージャーなら「顧客・社内の営業部全体・協力会社」などが考えられます。

「タスク」「業務内容」は、仕事の具体的な中身です。

まず「全体要約」として、その職種の業務の全体像を記述します。読み手が「そういう業務なんだ」と、理解できるように記入します。そのうえで業務の中身を「戦略」「企画」「運用・判断」「オペレーション」に区分けして、比率を記入します。それぞれに使う時間の比率で記入して、合計１００％になるようにします。

戦略＝数年間を見据えた「何をするか」「何をしないか」などの戦略立案の業務。
企画＝戦略実現のための企画の立案・提案・承認を得ることに関する業務。
運用・判断＝決定された企画の実施・運用、例外対応など。判断を求められる業務。
オペレーション＝定型的な業務。マニュアル等に沿って決まった手順で行う業務。

「タスク」「業務内容」は、具体的に「業務別」にも整理します。仕事を他の人に分担できる単位で記入してください。例えば、人事担当者なら「勤怠集計（勤務時間の計算と集計）」と「給与計算」は分担できる業務です。そして業務別の重要度、かけている時間の比率を「ウエイト」として記します。さらに「戦略」「企画」「運用・判断」「オペレーション」の時間配分も記します。

ここに挙げる業務は、人事部門長なら、①人事戦略立案と実行、②人員計画に関するもの、③人事制度に関するもの、④人材育成に関するもの、⑤人事管理体制・規程に関するもの、などがあります。営業マネージャーであれば、①チームマネージャーとしてのチーム全体の営業フォロー、②個人の営業としての仕事、③担当地域の戦術に関するもの、④メンバー育成、⑤社内への情報フィードバック、などが考えられます。

業務が6つ以上ある場合は、行を増やし、追記してください。


「対人関係」は、業務上の関係です。

「レポートライン」は、上司など、報告・連絡・相談をし、指示を受ける相手です。人事部門長であれば社長や担当役員、営業マネージャーは営業部長が想定されます。

「影響人数」は、部下や、社内外で自身が指示などを行い、影響を与える相手の人数です。人事部門長は、人事部門のメンバーだけでなく、取引先や場合によっては役員や各管理職に指示などをする場合もあります。営業マネージャーは、チームのメンバー、仕入れ先などが考えられます。

「他部署との関係」には、他部署との円滑な業務遂行のために留意すべきことを記入します。前工程、後工程、連携する他の部署等です。

人事部門長は、管理部門の総務・経理などの他部門、経営企画部門、各本部などとの関係を密にしておく必要があります。営業マネージャーは、マーケティング部や営業企画部、また他の営業チームとの関係は大切です。製造部門や物流部門などとの連携も欠かせません。

「同僚との関係」は、チーム内外の同僚との関係について記入します。人事部門長は総務や経理の部門長、各部門の部門長や管理職との連携は必須です。営業マネージャーは営業本部内での営業情報の共有や連携が必要です。

「人材育成・後輩指導」もその責任があれば記入します。

「必要経験・必要知識・スキル」は、その職種を遂行するために必要な能力や経験などを記入します。

「未経験から業務ができるようになるまでの期間」は、未経験の人を採用して、その職種ができるようになるまでどのくらいの期間を要するかを記入します。人事部門長は、人事業務の経験や他職種の経験を10年以上を要すでしょう。そのくらいの経験がなければ業務遂行のための企画力・判断力・交渉力が身につきません。営業マネージャーは、営業担当としての一定以上の実績が必要です。

「必要なコンピテンシー」は、「成果を上げるための欠かせない行動」のことを言います。「必須項目」は、それがなければその仕事ができないものをいい、「有効項目」は、それがあった方が、よりよく仕事ができるコンピテンシーです。第3章に掲載したコンピテンシーのリストを参考にして、それぞれ5つぐらいを選定してください。

人事部門長には、戦略策定や戦略実行に関わるもの、高度なコミュニケーションの能力、問題を俯瞰的に見て分析できるコンピテンシーは必須です。また、コミュニケーション力や、品質維持向上に関するもの、人事分野での一定の専門的知見も必要です。

営業マネージャーは、コミュニケーション能力は必須であり、傾聴力やプレゼンテーション・企画提案力が求められます。マネージャーとしては目標達成に関わるコンピテンシーも求められます。またマーケティングや顧客のニーズを引き出し、価値を提供することと、納品物の品質に関するもの、アイデアを出すこと、タフさも求められます。

「必要な知識・スキル」は、知識や技術・技能です。「必須項目」はそれが欠かせないもの、「有効項目」はそれがあればよりよい仕事ができるものです。人事部門長なら、人事関連法規や規程に関する知見、人事分野全般についての知見や経験は必須です。また業務遂行のための営業的スキルやロジカルシンキング、分析や提案のためのＰＣスキルもあったほうがよいでしょう。営業マネージャーは、取り扱う商品に関する知識、業界に関する知識、顧客に関する知識は必須です。これに加え、営業スキルやプレゼンテーションスキルが求められます。

「必要な知識・スキル」は、「業務別」にも挙げていきます。「タスク」で記入した①～⑤の各業務に必要な知識・スキルを記入します。人事部門長は、各業務においてそれぞれの知見や、計数知識などが求められます。営業マネージャーは、営業に関する知識・スキルの他、マネージャーとして育成に関してのコーチングスキルなどが必要です。

「キャリアプラン」「次のキャリアイメージ」は、その職種を経験した後、どのようなキャリアの展望が開けるか、次に目指すものは何かを記入します。人事部門長なら、管理本部長や経営企画室長、また役員への道もあるでしょう。営業マネージャーは、営業部長への道や、マーケティング、営業企画への道も考えられます。

「この仕事に向く人の特徴等、自由記入欄」には、どんなタイプの人がこの職種に向くのかを自由に記入します。緻密な人が向くのか、計画性が優れた人が向くのか、人と一緒にいることを好きな人が向くのか、アイデアをたくさん思いつく人が向くのか、などパーソナリティに関することがあれば記入します。

人事部門長は、どっしりと構えたような戦略志向や物事を立体的に見られること、一方で決断を早くすることや、経営陣と厳しいコミュニケーションができる人が向くかもしれません。営業マネージャーは、営業力の他に「面倒見のよさ」、スピード感がある人が向くかもしれません。

「想定年収」は、その職種の人を募集する時の求人票に示す年収です。記入者の現在の年収や、記入者が「これぐらいあってもよい」と思われる年収を記入します。

以上のようなジョブディスクリプションを社員それぞれが記入することにより、どのような仕事が社内にあるのかを明らかにすることにもなります。また重複業務や、他の職種と業務を統合・分割したりすることもここから想定することができます。

自身が担当している仕事について、この程度の記述ができないとすれば、「何の仕事をしているのか」が明確にならないとも言えます。

また、「自身はこういう仕事をしたい」ということを会社に申告する場合にも、このフォーマットは有効です。「会社から言われた仕事」をただ遂行するだけではなく、「自らこれをすべき、これをしたい」と申し出て成果を上げていく人材が、これから求められるでしょう。

あなたはジョブディスクリプションを自分で書けそうですか？　あなたの会社の社員は自分で書けそうですか？

課題②テレワーク

テレワーク推進には「ミッション」と「目標」の明確化が不可欠

コロナ禍で一気に広がった「テレワーク」は、今後も定着、浸透していくと考えられます。私たちは日常業務だけでなく、会議も「同じ場所にいる必要はないよね」ということに気づいてしまいました。また、社員研修も「ＺＯＯＭなどのオンラインで」というケースも増えています。

私も先日、全国展開している企業の管理職研修をＺＯＯＭで実施しました。対面での研修に比べれば、研修効果は多少落ちるかもしれませんが、節約できる費用や移動による社員の体力的な負担を考えれば、もうリアルでの集合研修は考えられなくなるかもしれません。オンラインでの研修なら、研修会場への移動のための交通費・宿泊費がまったくかかりません。

しかし、テレワークにおける「人事管理」は悩ましい問題です。「何時から何時まで働いているのかわからない」「今働いているのか、何をしているのかわからない」「どこにいるのかもわからない」。上司は困ってしまいます。

そこでテレワークしている社員を管理するためのツールも様々出てきています。パソコンの稼働状況を監視したり、マウスが動いているかどうかを確認したり、チャットツールで頻繁にコミュニケーションを求めたり……。

苦肉の策なのでしょうが、そのような管理・監視を行うのならば、「テレワークなんてやめてしまえ」と思うのは、私だけでしょうか。

監視する必要をなくす

後述しますが、そもそも「雇用契約」や、それを規制する「労働基準法」などの労働法は、テレワークを想定していません。本来、テレワークと雇用契約は相容れないものなのです。

それを無理やり管理しようというところに無理があります。


では、どうしたらいいのでしょうか。

原点に返ってみましょう。

仕事の多くは、「結果」が求められるものです。本来「過程」ではなく、結果が求められるものです。したがって、どのように働いていたとしても「結果」を出してくれたらそれでいいのです。マウスを動かすことが大切なのではなく、「結果」を出しさえすればマウスの動きという過程を見る必要もありません。


どんな仕事にも「ミッション（役割やその仕事の使命）」と、そのミッションを遂行したことを確認する「目標」があります。

テレワークをする社員それぞれの「ミッション」と「目標」を明確にしましょう。それが曖昧だから、過程を管理しなくてはならなくなるのです。

ミッションと目標の設定は、テレワークとは関係なく、これまでにも「目標管理制度」

として行われてきたものです。ところが、これができていない会社が実に多いのです。

私は仕事柄、多くの企業の「目標設定会議」と、目標の達成状況を確認する「評価会議」に出席させていただいています。

そこで見るのは、「ミッションを明確にできない」「目標の達成基準（どうなったら目標達成と言えるのか）を明確にできない」という光景です。

管理職研修で、こんな会話をしたことがあります。

「あなたのミッションは何ですか？」

「数値の管理……ですかね」

「それでは、なぜそれを行い、誰に価値を提供しているのかよくわかりませんね」

「経理なので顧客はいません」

「会社の顧客ではなく、あなたが価値を提供している相手は誰でしょうか」

「……。いや、経理なので……」

「経理であれば、まずは経営者に価値を提供していますね。経営陣に、より正確な数値をすばやく伝えるということは経理の大切なミッションではないでしょうか」

「……なるほど」

「また、社員が、経費精算をより簡便にできるようになると、社員への価値の提供になりますよね」

「……なるほど」

「では、経営陣により正確な数値をすばやく伝える、というミッションに対して、今期どのような目標を設定されますか？」

「……うーん、これまで通りに間違いなく行う、ということでしょうか」

「それでは、よりよくなりませんよね。企業は常によりよくなることを求めています」

「では月次決算を5営業日から4営業日で完了させ、経営陣に伝える、というのはどうでしょうか」

「それはよい目標かもしれませんね」

「社員に対しての価値提供の目標はどのようなものが考えられますか？」

……

このようなやり取りをして、ようやくミッションや目標が明確になっていきます。

HR基礎解説

ミッションと目標の設定

ミッションの設定

自らのミッションを明確にしていない人はとても多いのではないでしょうか。

ミッションはその人の「存在価値」とも言えるでしょう。ミッションは「その人の、その期のメインの役割や担当、創出する価値」を表します。

「○○をより○○する」と表現するとよいでしょう。

できればそれが「ワクワクするもの」であってほしいと思います。

特に管理職については、部署のミッションが「ワクワク」しなければ、部下を動機づけできません。

「売上をより大きくする」ではワクワクしません。仕事がつらくなる、と思われてしまうのがオチです。

「価値を提供する相手」を想定してください。

「お客様に〇〇の商品・サービスを通じて、より喜んでいただく」というのはどうでしょう。より喜んでいただくということは、買ってくれるお客様が増えたり、顧客単価が増えたりすることになります。それによって「売上が上がる」のです。

「給与の計算」だけではミッションとは言えません。「給与計算をより効率化し、より価値の高い仕事に割く時間を作る」ならばよいかもしれません。

HR担当ならば、「社員がより働きやすい環境を整えて、業績向上に貢献する」でもいいでしょう。

まずミッションを明確にし、会社が認めることが大切です。

目標の設定

ミッションが明確になったら、次に目標を明確にしましょう。

「月次決算を5営業日から4営業日にする」というのは明確な目標と言えるでしょう。

「給与計算を2人で行っているが、1人でできるようになる」でもよいでしょう。

大事なことは、「どうなったら目標を達成したと言えるのか」を明らかにすることです。これにより、「どこまでいけば評価されるのか」が明らかになり、達成した場合には、充実感を味わい、それを承認されることにより、やりがいを感じてもらうこともできるようになるのです。

ＢＳＣ（バランススコアカード）を使う

目標設定には、ＢＳＣ（バランススコアカード）という手法を取り入れるのも効果的です。ＢＳＣは、１９９２年にハーバードビジネススクールのロバート・Ｓ・キャプラン教授とコンサルタント会社社長のデビット・Ｐ・ノートン氏により、新たな業績評価システムとして発表されたものです。

「目標を設定して」と言っても、その目標が偏っていたり、重要でなかったりしたら困ります。ＢＳＣは、目標を「抜け漏れなく」設定するための手法です。５つの視点を持ちます。

①業績の視点：売上や利益など、最終的に生み出したい価値の目標を設定します。間接部門であれば、経費の削減などもここになります。
②顧客の視点：業績の視点を達成するために、価値を提供する相手に、どのような商品・サービスによって、価値をもたらすのか、といった目標を設定します。顧客単価、購買頻度などを設定することもよいでしょう。
③プロセスの視点：業績の視点、顧客の視点を達成するために、どのような仕組みを構築するのか、どのようなビジネスプロセスを作るのか、の目標を設定します。マニュアル作成によるミスの低減や効率化などが考えられます。
④人材の視点：①～③の視点を達成するために、どのような能力開発をしていくのか、という視点で目標設定します。個人なら自らのスキルアップ、管理職ならメンバーの成長に関する目標を設定します。
ここまでで目標はバランス（抜け漏れがない）すると言われています。

さらに「⑤革新の視点」として、これまで行っていない新たな取り組みに関する目標を設定するケースもあります。

以上5つの視点で、目標とその達成基準を明確にしてください。

社員全員で「うんうん唸りながら」目標を設定する

社員が目標を設定するためには、会社全体や部署の目標が明確になっている必要があります。そのために目標設定会議を会社の各レベルで徹底する必要があります。本部レベル⇓部レベル⇓課レベル⇓メンバーレベルで、それぞれ実施します。

最初は時間も手間もかかります。しかし、これを経なければ、目標は設定できません。うんうん唸って、みんなで悩んでミッションと目標を明確にしていく「過程」に価値があります。これにより個々の社員が何をなすのかが明らかになるのです。

以上のようにしてミッションと目標を明確にすることができれば、「テレワークの管理」から解放されるはずです。定期的に目標の達成のための計画とその進捗状況を確認すれば、どこで仕事をしていても問題ないという状況が成り立つことになります。

もう、マウスの動きを監視する必要はありません。

債務超過から最高益を上げるまでになった会社の事例

私のクライアント企業に、とても良い商品を生み出していたのに、商品開発に費用をかけすぎて債務超過となり、大企業に買収された会社がありました。

親会社からＨＲ担当者が出向し、目標管理制度を導入しました。社長と役員と各部長及びＨＲ担当と私たちで、目標設定会議を実施しました。

最初はひどいものでした。

目標は「いいものを作る、それだけです！」という部長がいました。また、「社内で仕事を探す」というとんでもない目標を提出してくる社員もいました。

社長が「俺がこいつに求めていることは、こんなことじゃないんだよ！」と嘆き叫び、「そもそも自分の役割をわかってねえなあ」「こいつには○○をしてほしいんだけどなあ」とぼやきます。

そういう状況から議論を開始し、辛抱強くそれぞれの目標を見ていき、修正を求め、社員自ら考えてもらいました。マネージャー20人の目標を決めるのに8時間以上の時間をかけて議論しました。

さらに半年後、目標の達成状況を確認する評価会議を行いました。そこで「この達成基準では評価できない」「次の目標は○○を考慮しよう」といった議論を重ねました。

徐々に社員個々のミッションと目標が明確になり、4年目に過去最高益を達成します。もちろん最高益にはこれ以外の要因もありますが、社員それぞれが、どこに向かって努力するのかが明確になり、社内が活性化していったことは間違いありません。

どんな仕事でも目標設定を明確にすることができるのです。それができないのならば、テレワークは機能しないのです。

課題③契約形態の多様化

優秀な人は契約形態にこだわらない

「雇用契約」を見直す

ジョブ型やテレワークを推進する上では、「雇用契約」について知っておく必要があります。ジョブ型やテレワークは、従来の雇用契約とはなじまないところがあります。「雇用契約」とは何かを理解しておかないと、ジョブ型もテレワークも、その他これからのHRを考えていくうえでも、ミスジャッジをしかねません。

HR基礎解説

「雇用契約」と「労働法」

「雇用契約」とは、「労働者が使用者に使用されて労働し、使用者がこれに対して賃金を支払うことについて、労働者及び使用者が合意することによって成立する（労働契約法６条）」とされています。

「労働契約」という言い方もあり、細かく見れば、民法上では「雇用契約」、労働基準法では「労働契約」と表現されており、厳密には多少違うともされていますが、意味合いはほぼ同義でもありますので、ここでは「雇用契約」と言うことにします。

● 雇用契約（労働契約）

労働者が使用者に使用されて労働し、使用者がこれに対して賃金を支払うことについて、労働者及び使用者が合意することによって成立する（労働契約法6条）

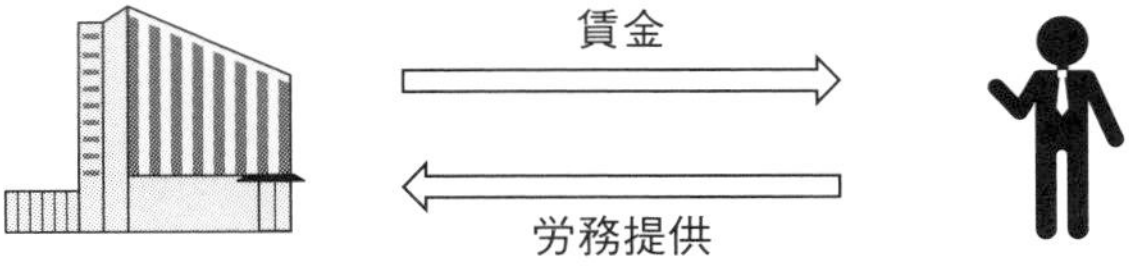

人事権
企業秩序定立権
指揮命令権

賃金支払い義務
安全配慮・健康管理義務
職場環境配慮義務
など

＝労働法＝
・労働基準法
・労働契約法
・労働安全衛生法
・最低賃金法
等

賃金請求権

労務提供義務
企業秩序遵守義務
誠実勤務義務
職務専念義務
競業避止義務
秘密保持義務
など

そして、雇用契約には、使用者（会社）と労働者の間に、以下の権利と義務があります。

使用者側が持っている権利

「人事権」は、一般に「労働者の地位の変動や処遇に関する使用者の権限」であり、労働者の「採用」「配置」「異動（配転）」「人事評価」「（職位への）任免」「昇格・降格」「解雇」などを行う権利です。「どこで働いてもらうか」「どのような職種の仕事をしてもらうか」「責任のある職位を担ってもらうか、はずれてもらうのか」について決定する権利を使用者（会社）は持っているのです。

「実際には解雇はできないではないか」とお考えかもしれませんが、「権利」自体は、使用者側は持っているのです。しかし、労働基準法において、「権利を有するとはいっても、権利の濫用は禁止する」とされており、「権利の行使」が規制されています。規制されていますが、権利はあるのです。

「企業秩序定立権」は、企業秩序を維持するための「ルール」を定めることができる権利です。労働者はこのルールを守らなければなりません。就業規則の「服務規律」として示されており、そのルールを破れば、使用者は「懲戒処分」を下すことができます。「会社内でやってはならないこと」を会社側が決められるということです。

「指揮命令権」については、（雇用契約の範囲内ですが）使用者は労働者に対して「あれやって、これやって」と命令することができ、労働者側には「諾否（いいですよ、嫌ですよ）の自由はない」とされています。「コピーとってきて」というのも、雇用契約に特に限定がなければ、上司が部下に命令することができ、部下はそれを拒否できないのです。以上、「どこで働いてもらうのか」「何をしてもらうのか」については使用者側に決める権利があり、労働者は拒否できないというものです。

実は、雇用契約において、使用者側が持っている権利はとても強いのです。

労働者側が負う義務

一方、労働者側には、雇用契約によって負う義務があります。

主なものとしては、「労務提供義務」「企業秩序遵守義務」「誠実勤務義務」「職務専念義務」などです。

「労務提供義務」とは、契約した時間、労務を提供しなければならない、という義務です。さぼってはいけませんよ、という義務です。

「企業秩序遵守義務」は、会社のルールをしっかり守ります、という義務です。服務規律に書かれていることを、守らなければなりません。

「誠実勤務義務」とは、「ルールを守って、誠実に、与えられた仕事に取り組まなければならない」というものです。「テキトー」に仕事をしてはならないという義務です。

「職務専念義務」については、就業時間中は、仕事に専念しなければならない、という義務です。仕事以外のことをしてはいけないのです。「ちょっとネットサーフィン」「ちょっとスマホで友人とLINE」をしてはなりません。

その他、競業避止義務や秘密保持義務などがあります。

使用者側が負う義務

使用者側にも義務はあります。「賃金支払い義務」「安全配慮・健康管理義務」「職場環境配慮義務」などです。働きやすい職場環境と健康管理に努めなければなりません。

労働者の「権利」といえば、賃金請求権と団結権、などです。

ということで、雇用契約においては、使用者（会社）に強い権利が認められています。

「労働者は守られている」と言われていますが、労働者が好き勝手してよいというものではないのです。

「使用者の権利」を規制する労働法規

ただし、権利を振りかざして労働者を乱暴に扱うことを防ぐ必要があります。それを規制しているのが「労働法」です。

「労働基準法」をはじめとする労働法が想定しているのは、「工場労働」です。「資本家が労働者を搾取する」と言われた時代に「労働者」を守るために作られたものです。「指揮命令権」などは、工場で上司が「あれやれこれやれ」と作業を指示することを想定しているものでもあります。

その後、多くのホワイトカラーが生まれ、肉体労働から知的労働に変わっていく時代の流れに、労働法がついてきているとは正直とても思えません。

「労働者性」という言葉があります。「雇用契約」なのか「請負契約」なのかを判断する指標を意味します。

労働者性とは、

「労働者に、仕事の依頼、業務従事に関する諾否の自由がない」

「労働者の、勤務時間・勤務場所が指定されている」

「労働者に業務用器具の負担がない」

「支払われる報酬が労働自体の対償である」

というものです。


一時期、「偽装請負」が問題になったことがありました。実態は「雇用契約」なのに、「請負契約」を締結して労働者を働かせるということが横行しました。勤務時間・勤務場所を指定して、仕事の依頼に対して諾否の自由を与えないのに、「請負契約だ」として契約し、労働法の規制を免れようとしたのです。

「請負契約」は、雇用契約ではありませんので、労働法は適用されず、また社会保険料なども発生しません。場合によっては会社側に（違法ですが）都合のよい契約なのです。

成果主義とは相容れない

「労働者性」においては、「支払われる報酬が労働自体の対償である」とされています。

これは「働いたら成果にかかわらず、賃金を払う」ということを意味しています。

したがって、「成果を上げたか上げなかったかにかかわらず、働いた分の賃金を払わなければならない」ということが雇用契約の根本なのです。

だから、「どれだけ働いたか」を測るものが「労働時間」となり、長く働けば、それだけ賃金が多くなるのです。

工場労働では、長く働けばそれだけ製品を多く作れます。多く作れば、売上が増え、賃金を増やすこともできますから、これには合理性があります。

しかし、オフィスワークなどの知的労働ではどうでしょうか。

「働き方改革」において、「労働時間を減らして生産性を上げよう」ということが言われてきました。しかし労働時間を減らした結果、「残業代が減る」ということになります。

ここが、多くの矛盾を発生させる元です。

「生産性を上げて」「残業が減る」と「収入が減ってしまう」というのは、よく考えれば大いに滑稽なことです。

毎日定時で帰って一定の成果を上げている人と、遅くまで残業して同じ成果を出している人では、後者のほうがより多くの賃金を得ることになります。

この矛盾に対応しようとしたのが裁量労働制（働く時間において、仕事の進め方、優先順位づけを、労働者に大幅に委ねる制度）であり、ホワイトカラーエグゼンプション（オフィスワーカーの労働時間の規定を除外し、賃金を成果で評価する制度）でした。

これらは成果と労働時間が比例しない現代においては合理的なのです。しかし、「働き方改革」の流れの中で、裁量労働制やホワイトカラーエグゼンプションなどの議論は、遅々として進んでいません。

一部「高度プロフェッショナル制度」が導入され始めましたが、現在（２０２１年）は年収１０７５万円以上という高いハードルがあり、導入は進んでいません。

「正社員」の「安定」とは何か？

働く人のうち、企業と雇用契約を結んでいる「雇用者」は、１９５０年代には半数もいませんでした。それが２０１６年には、ほぼ９割に達しています。戦後一貫して、「企業・組織と雇用契約を結んで働く」ということが「あたりまえ」になってきました。

ただし、正社員比率は上がっておらず、むしろ下がっています。２０１４年には、ある政党が「夢は正社員」というテレビＣＭを流していました。これは非正規雇用と正規雇用の格差を問題にしたものだとは考えます。

ところで「正社員」とは何でしょう。一般には「正社員」は「安定」を意味するものと捉えられています。「正社員」とは「無期雇用」です。「期間の定めのない雇用形態」です。

労働法制で解雇が規制されている中、そうそう「クビを切られる」心配はありません。だから安定していると考えられがちです。

しかし、社会は変化します。「儲かる事業」も変化し、企業に大きな「変化」を求めます。だから企業と共に社員も変化しなければなりません。

「正社員」に安定があるとすれば「変化に対応した結果」です。変化しない人は取り残されます。「変化しない人材」を「正社員」として雇用し続けることはできないのです。

勤務地・職種・責任など、変化に対応する人材だけが、「正社員」でいられる時代です。

「業務委託契約」の導入が相次ぐ

健康機器大手のタニタは、2017年から社員の一部を、雇用契約から「業務委託契約」に切り替える制度を導入しました。業務委託契約とは「請負契約（仕事の成果に対して報酬を支払う契約）」と「委任・準委任契約（法律行為の代行やアドバイスなど、仕事の過程に対して報酬を支払う契約）」の総称です。

タニタでは、すでに社員の1割以上が「業務委託」を受けている「個人事業主」として働いています。脱・雇用契約です。

「発案者であり、制度設計を主導した谷田千里社長は、「働き方改革＝残業削減」という風潮に疑問を抱いていたという。働きたい人が思う存分働けて、適切な報酬を受け取れる制度を作りたいと考え、導入したのがこの『社員の個人事業主化』だ」（日経ビジネス、2019年7月18日）

電通も社員の個人事業主化を打ち出しました。日本経済新聞（２０２０年11月11日）は次のように報じています。

「電通は一部の正社員を業務委託契約に切り替え、『個人事業主』として働いてもらう制度を始める。まずは２０２１年１月から全体の３％に相当する約２３０人を切り替える。電通では副業を禁止しているが、新制度の適用を受けると兼業や起業が可能になる。他社での仕事を通じて得られたアイデアなどを新規事業の創出に生かしてもらう考えだ。

新制度の適用者は、営業や制作、間接部門など全職種の40代以上の社員約２８００人を対象に募集した。適用者は早期退職したうえで、電通が11月に設立する新会社と業務委託契約を結ぶ。契約期間は10年間。電通時代の給与を基にした固定報酬のほか、実際の業務で発生した利益に応じてインセンティブも支払われる。

適用者は電通社内の複数部署の仕事をするほか、他社と業務委託契約を結ぶこともできる。ただ競合他社との業務は禁止する。電通は『新しい働き方を求める社員の声に応じて制度導入を決めた』と述べ、人件費縮小などリストラ策ではないとしている」

キャリアプランはより多彩になる

この動きに賛否両論ありますが、私は今後、この動きは加速化するだろうと考えます。いわば、会社と社員の関係は対等な契約関係になるとも言えます。「価値」を出してもらえれば、本来、契約形態は何でもよいのです。雇用・請負・委任・準委任など、働いてもらう契約形態は様々です。

何も、無期雇用でフルタイム働く「正社員」である必要はありません。

次の図は、働く人のキャリアを描いています。

正社員で入社して、「オペレーター→マネージャーまたはスペシャリスト→コア人材」というのが従来のキャリアプランでした。そのキャリアプランはこれからも継続されるでしょう。

しかし、会社が望む人材が、この道を歩むとは限りません。転職してしまうことも高い確率であります。また後述する副業の容認なども広がりつつあり、タニタや電通のように個人事業主として働くという選択を望む人も増えると思います。

私の友人にも、上場企業の人事部長でしたが、業務委託契約に変更して、人事部長業務は継続しながら、他社に価値提供している人がいます。彼はこれから起業して完全に独立するかもしれませんし、あるいは、現在契約している会社の人事部長として正社員に戻るかもしれません。役員となり「委任契約」を結ぶかもしれません。彼の選択肢は多彩にあります。やりがいのある仕事があり、満足できる処遇があれば、戻ることも厭わないのです。

● キャリアと契約形態①

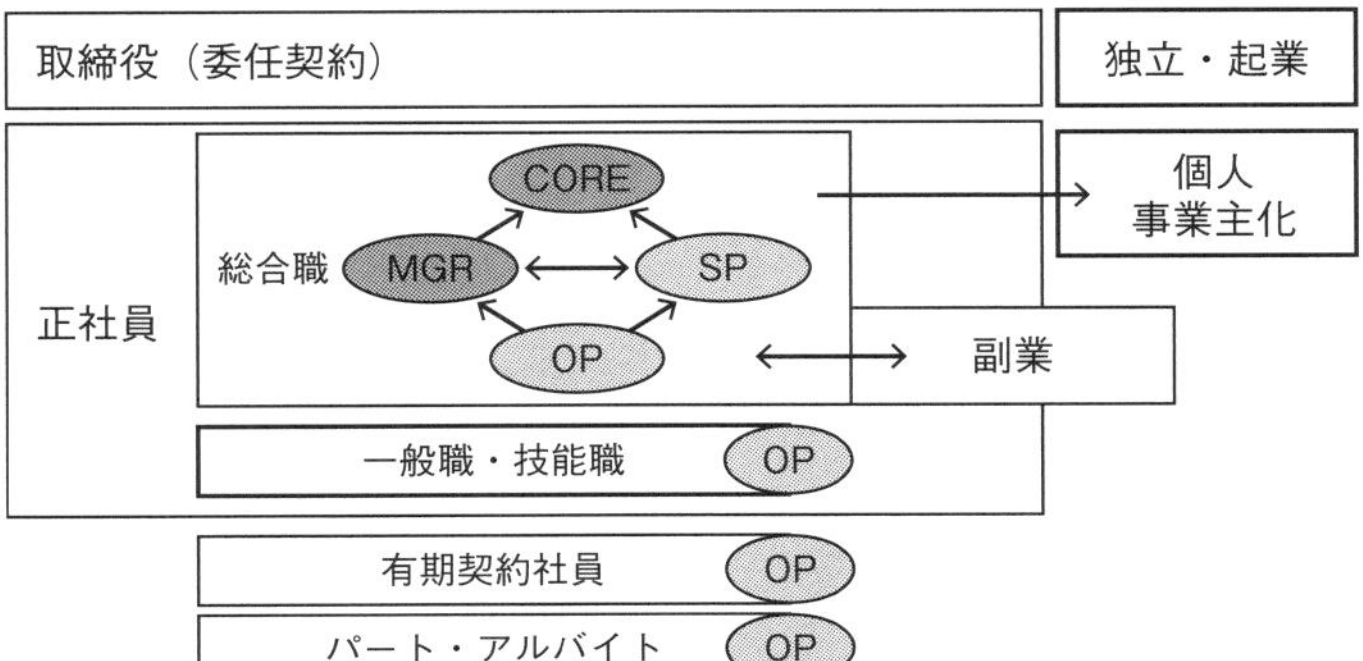

CORE（コア）：組織を通じて変革・創造を実現する人材（経営幹部・事業戦略推進）
SP（スペシャリスト）：専門性によって変革・創造を実現する人材（専門職）
MGR（マネージャー）：オペレーション組織をマネジメントする人材
OP（オペレーター）：決められた仕事（オペレーション）を担う人材

「会社が優秀な人材を囲う」という時代ではなくなっているのです。

「いつでも外に出られますよ」という人材を多彩なオプションを持ってつなぎとめることが、これからのHRの仕事になるでしょう。

「多彩なオプション」を用意することがこれからのHRの仕事と言えます。「会社に骨を埋める」という考え方はもはや過去のものです。

社員より業務委託が多い会社

実は私の会社では、雇用契約を結んでいる人より、業務委託契約を結んでいる人のほうが多いのです。業務委託で働いてくれている人たちは、それぞれ自分の会社も持っています。

業務委託だと問題があるかといえば、まったくありません。任せた仕事は期待以上にやってくれます。当社の経営や企画・運営にも責任を持って関わってくれます。

経営者の私としては、まったく不自由は感じません。理念もしっかり共感していただいています。「雇用契約でなければ愛社精神を期待できない」などということは、まったくありません。

進むクラウドソーシング

単発の仕事については、雇用契約で人を雇うのではなく、クラウドソーシングの活用が増えています。クラウドソーシングとは、インターネット上で企業が不特定多数の人たちに声をかけ、業務を発注し、都度報酬を支払う形態です。比較的簡単に、専門性を有している人材を見つけることができます。

実態としてクラウドソーシングで働く人たちは、任された「ジョブ」を遂行し、主に「テレワーク」で働きます。

おや、これこそ「ジョブ型」と「テレワーク」ではありませんか。

それは「雇用契約」でなければならないのか

私の周囲にいる優秀な人材は、契約形態にこだわりません。マーケティング、人事、IT、広報、営業など、それぞれの得意分野を持っています。

彼らは「拘束される」正社員に興味はありません。「自らやりたい形で価値を出す」ことを考えている人たちです。

起業していたり、フリーランスをしていたり、また「雇用契約」を結ぶにしてもあえて「有期」を選んだりしています。価値を出しやすい契約形態なら、なんでもいいのです。

私（さして優秀ではないでしょうが）も最初から「独立」「起業」を考えていたわけではありません。「やりたいこと」をするにはどういう形態がいいのか考えたら、そこに「独立」があっただけです。「正社員」ではやりたいことができなかったからです。

HRが「正社員希望者」だけを追っていたら、優秀な人材をみすみす逃してしまうかもしれないのです。

ジョブ型もテレワークも進んでいく昨今において、労働力の確保が「雇用契約」でなければならないのかを、急速に見直す必要が出てきています。

「人事権」が必要なのか、都度「指揮命令」をしなければならないのか、「職務専念」をしてもらわなければならないのかなど、これまでの常識を考え直す必要があります。

「雇用契約」も「正社員」も、もはや「過去の遺物」になり得る時代なのです。

課題④DX対応

CTOやCIOと共にHRを考える

DX（デジタルトランスフォーメーション）という言葉が注目されています。この言葉、概念は、コロナ禍においてのテレワークの進展で改めてクローズアップされることになりました。

HR領域においても「会社に毎日行く必要って実はなかったんじゃないか？」「会議で1か所に集まらなくてもZOOMで十分じゃないか？」「研修のために全国から受講者を集めなくてもTEAMSで十分な効果が得られるじゃないか？」「出張しなくても、すぐにコミュニケーションできるよね」といった、これまでの「働き方」の常識を、一気に見直すことになりました。

加えてＤＸにおいて注目すべきは「ＡＩ」と「ＲＰＡ」です。

ＲＰＡの活用により拠点を減らした企業

ＲＰＡとは、ロボティック・プロセス・オートメーションの略で、一言でいえば「パソコンの中にいるロボット」です。オフィスワーカーがＰＣを用いて行っている事務作業を自動化できるソフトウエアのロボットです。

Ａ社は、広島に本社があるメーカーでした。東京、大阪、広島に事業所を持ち、各事業所において、顧客との接点を持っていました。仕様書や見積書、発注伝票や納品書を顧客に郵送やＦＡＸで送るなど、各拠点で膨大な営業事務作業がありました。

その効率の悪さの改革を求めて、Ａ社はＲＰＡの導入を進めました。日常的な業務をＲＰＡに任せたのです。さらに仕事のルーティーン化を進めて、業務を効率化し、ＲＰＡにできる仕事を増やしていきました。

その結果、拠点を1か所に減らすことができて、それまで事務作業に埋没していた社員は企画や顧客接点の強化を行えるようになり、合理化と価値創造が一気に進んだそうです。

ルーティンワークに埋もれていた社員は、進んで業務のＲＰＡ化を推進しました。ベテラン社員の劇的変化だったそうです。

このＲＰＡの導入費用は、毎月一体５万円です。それまで数人で行っていた業務を５万円で行ってしまいます。ＲＰＡは24時間３６５日働いても、不平不満も言わず、残業手当もいらず、有給休暇もいりません。時給68円です。

私も、ＲＰＡが動いているところを実際に見ますが、自らブラウザを立ち上げ、ＩＤとパスワードを入力し、必要な場所をクリックし、必要なデータをダウンロードし、エクセルに添付し、加工し、メールに添付して送るまで、まるで誰か人間が操作しているかのように動きます。

これはホワイトカラーの生産性の向上に大きく寄与するものだと考えられます。

銀行など金融機関では、ＲＰＡなどのＩＴ活用が進んでいます。みずほ銀行は、ＲＰＡの導入で年77万時間の効率化をしたと言います（日経クロステック２０１９年12月２日）。メガバンク３行は、新卒採用人数を大幅に減らしています（２０２１年卒で前年比15％削減）。背景にはマイナス金利などによる収益圧迫もありますが、ＲＰＡなどのＩＴの導入での業務効率化が進んでいることも大きな要因です。

ＨＲが「ヒューマン」だけ見る時代は終わっている

前章で説明した人材ポートフォリオの変化からわかるように、もはやＨＲの対象はＨＲ（ヒューマンリソース）だけではなくなっています。ＲＰＡなども「労働力」と考えれば、リソースは「人」には限らなくなってしまっています。これを私は「ＷＲ（ワークリソース）」と名付けることにしました。

その仕事は「誰にやってもらうか」から「何にやってもらうか」を考えなければならなくなったのです。

ＡＩやＲＰＡについては、ＨＲ部門だけで考えられるものではありません。ＣＴＯ（最高技術責任者）やＣＩＯ（最高情報責任者）といった技術リーダーと共に考えていかなければならなくなっています。「どの仕事を誰に（あるいは何に）担当してもらうか」をＩＴ部門と共に考える時代なのです。

そう考えると、ＨＲ・総務・経理・財務・情報システム・法務などの縦割りから脱却し、最適な「労働力」をマネジネントする「総合ワークリソース（ＷＲ）」の最適化に取り組む企業が、成長していくでしょう。

課題⑤黒字リストラ

その前に取り組むべきこと

70歳まで面倒を見るのは無理

コロナ禍前の２０１８年頃より、大手企業が「黒字リストラ」と言われる施策を導入し始めました。２０１９年には、キリンビール、コカ・コーラ、富士通、朝日新聞、エーザイ、協和キリンなど、黒字経営にもかかわらず「早期退職」を実施しました。

繰り返しますがコロナ禍前にです。その事情は各社様々だと思いますが、一つの共通点があるとすれば、ほぼ45歳以上の中高年に対する早期退職制度であることです。45歳以上は「バブル世代」と「氷河期世代」でもあり、部下を持たない管理職も多くいる層です。そして年功序列型の制度であれば、最も給与水準の高い層です。黒字で余裕があるうちに、「若返り」をしていこう、という考えだと思います。

もう一つの背景が、「定年延長」問題です。高年齢者雇用安定法において、2025年には、65歳まで、希望した人全員を再雇用しなければいけなくなります。そして70歳までの就業機会の確保が努力義務になります。

45歳の人をあと25年間、処遇はともかくも、雇用し続けなければならなくなっていくのです。70歳まで面倒を見るのは無理――それが黒字リストラの背景にある企業の本音でしょう。

社員の平均年齢が高い会社は、ここにどう取り組んでいくか、HRの戦略が求められます。「痛み」を後回しにできなくなってきているのです。

確かに年収1000万円の人をリストラすれば、300万円の人を3人雇えます。私は何もリストラを推奨しているわけではありませんが、黒字リストラ施策は、まさにこれを行おうとしています。

「やる気のない中高年」はＨＲの責任

しかし、その前に、まだ打つ手はあるではないでしょうか。

年収1000万円の人に、1000万円に見合う仕事をしてもらえばいいのです。

「会社の妖精さん」という記事が朝日新聞に掲載され、話題を呼びました。経験やスキルが現在の企業で求められる業務に適応できず、やる気を失い、存在感もなく、ひたすら定年を待っている人のことをこう呼ぶのだそうです。で、年収は高い。

もちろん、これは問題です。「やる気を失って定年を待つ中高年とどうコミュニケーションしたらいいでしょうか」という問い合わせもいただきます。年功序列のなれの果てといってもいいでしょう。

しかし、一つ疑問があります。会社や上司は、この人たちにしっかりと評価を伝え、

「どうしてほしいか」ということを問いかけ続けているだろうか、ということです。

評価を曖昧に行い、言うべきことも言わず、本人の気づきを促さず、ただ窓際に置いておけば、妖精さんになるか、悪魔になるしかないでしょう。

「やる気を失っている中高年をどうしよう」とおっしゃる会社ほど、「ちゃんと向き合っていないよね」というのが現実です。厳しいことも言わず、早々に諦めて妖精化させているのは、ＨＲの責任かもしれません。

私はいま50代半ばですが、たしかに叱ってくれる人は少なくなってしまいました。若い頃よりは頑固になっているでしょうし、変わらない部分も多いでしょうが、でもまだ他者から言われたことには悩み、改善すべきことは改善しようと思います。学ぶべきことがあれば学びたいと思います。50代は捨てたもんじゃないのです。

「リストラ」をする前に、「まずは１０００万円分の仕事をしてもらうためにはどうしてほしいのか」を正面切って話しあっていただきたい。それでも変わらなければ別の道を歩んでいただくことになります。

１０００万円の人が１０００万円以上の仕事をしてもらえれば、本人だけでなく、会社も上司も後輩も、みんながハッピーなのです。

「もう変わりたくありません」という人の未来は明るくありませんが、このような段階を経ずに「はいリストラ」というほど、むごいものはありません。ＨＲは彼らの活性化に取り組まなければならないはずなのです。人生１００年時代と考えれば50代なんて、まだ若造です。

リストラの前に評価制度と給与制度の見直しを

また、年功序列の人事制度（評価制度・給与制度）を見直さずにリストラするのは得策ではありません。しっかりと評価をして、年収分の働きがないのならば、本人にしっかりと伝え、適切な年収まで下げていく（段階的にですが）、という手段を取るべきです。これを行わないと、若年層の処遇を上げられず、若手の優秀層から辞めていきます。

黒字リストラは必要な施策ではありますが、まだまだその前にＨＲにはやるべきことがあるのです。

課題⑥副業

「副業OK」の会社に人材は集まる

多くの会社が副業を認めない理由

「副業」を認める会社が増えています。タニタや電通のように、「個人事業主」として業務委託契約を結び、「他社と契約してもいいですよ」という方式もありますが、正社員としての雇用契約を維持したまま、他社で副業することを認める、というものです。

政府も推進の立場です。2018年に、「副業・兼業の推進に向けたガイドライン」や

「改訂版モデル就業規則」を示し、「副業・兼業を希望する方は、近年増加している一方で、これを認める企業は少ない。労働者の健康確保に留意しつつ、原則副業・兼業を認める方向で、副業・兼業の普及促進を図る」としています。

以前、ある官僚経験者に「なぜ政府が副業を促進するのか」と尋ねたことがあります。答えは「人手不足対策」でした。地方や中堅・中小企業の人手不足は深刻です。雇用の流動化を含め、副業により、その対策としていくのだそうです。

副業を認める会社にとっても、他社で働くことによって、自社にない知見を獲得し、自社の価値創造への貢献も期待できる、とされています。

また、働く側にとっても、リスクのある転職や独立起業の前に、正社員としての安定を確保したまま、副業を通じて他社の業務に関わることで、多彩なキャリアに向けての経験を積むことができ、キャリアアップを図ることもできるでしょう。

副業は会社と社員双方にメリットがあるものとも言えそうです。

しかし、いまだ多くの会社で副業は禁止されています。就業規則に「許可なく他の会社等での業務に従事しないこと」と定めています。

特にフルタイムで働く正社員に他社で働かせるということは、労働時間の問題、健康管理の問題を考えれば、躊躇するのは当然です。副業の結果、自社の業務が疎かになられても困ります。競業避止の問題、情報漏洩の懸念もあります。

この問題にどう取り組むべきでしょうか。

副業を認めないのは簡単です。しかし、それでよいのでしょうか。

終身雇用や年功序列が難しくなっていく以上、社員の雇用を維持しながら、その収入を安定的に上げていくことは難しくなります。給与が上がらない、将来にわたっては雇用も保証できないかもしれない、でも耐え忍べ、とは社員に言えないでしょう。

ここをどのように考えていくか、です。

では副業をどんどん認めればいいのか、と言えば、そこも考えものです。

ある大手企業から、次のような相談を受けました。

「副業制度を導入したが、いまひとつ盛り上がらない。社員からの副業申請も増えてこない」というものです。

こちらの企業は、1年前に、45歳以上に早期退職制度を導入しています。「なぜ副業制度を入れたのですか」と質問したところ「社員の自立を促進したい」などの目的をお話しいただきました。たしかに、それはそうだと思います。

しかし早期退職制度と副業制度をどのような考え方で行っているのか、そこをしっかりと説明しないと、社員は疑心暗鬼になりますよね。

副業を促進するにせよ抑制・禁止するにせよ、そこに目的と意志が必要であり、それを社員にしっかり説明する必要があるでしょう。

副業制度はその目的をはっきりさせること

私は、副業制度に関する相談に関しては、「目的をはっきりすること」「他社と雇用契約を結ぶことは禁ずること」「等級や勤続など副業を認める範囲を明確にすること」をお勧めしています。

下の図は契約形態とキャリアプランをまとめたものです。この中の「収入補填型副業」を「雇用契約」で行うことは、「健康管理上問題がある」と考えています。昼は正社員として働き、夜はコンビニでバイトする、では、健康を害する可能性は極めて高く、推奨すべきではありません。

しかし、「キャリア副業」「趣味副業（その趣味が高じて、起業につながることもあり得る）」「地域活動」などは、自社での業務に支障をきたさないものであれば、その人のキャリアの選択肢を広げるものとして、認めてもよいのではないかと考えます。

● キャリアと契約形態②

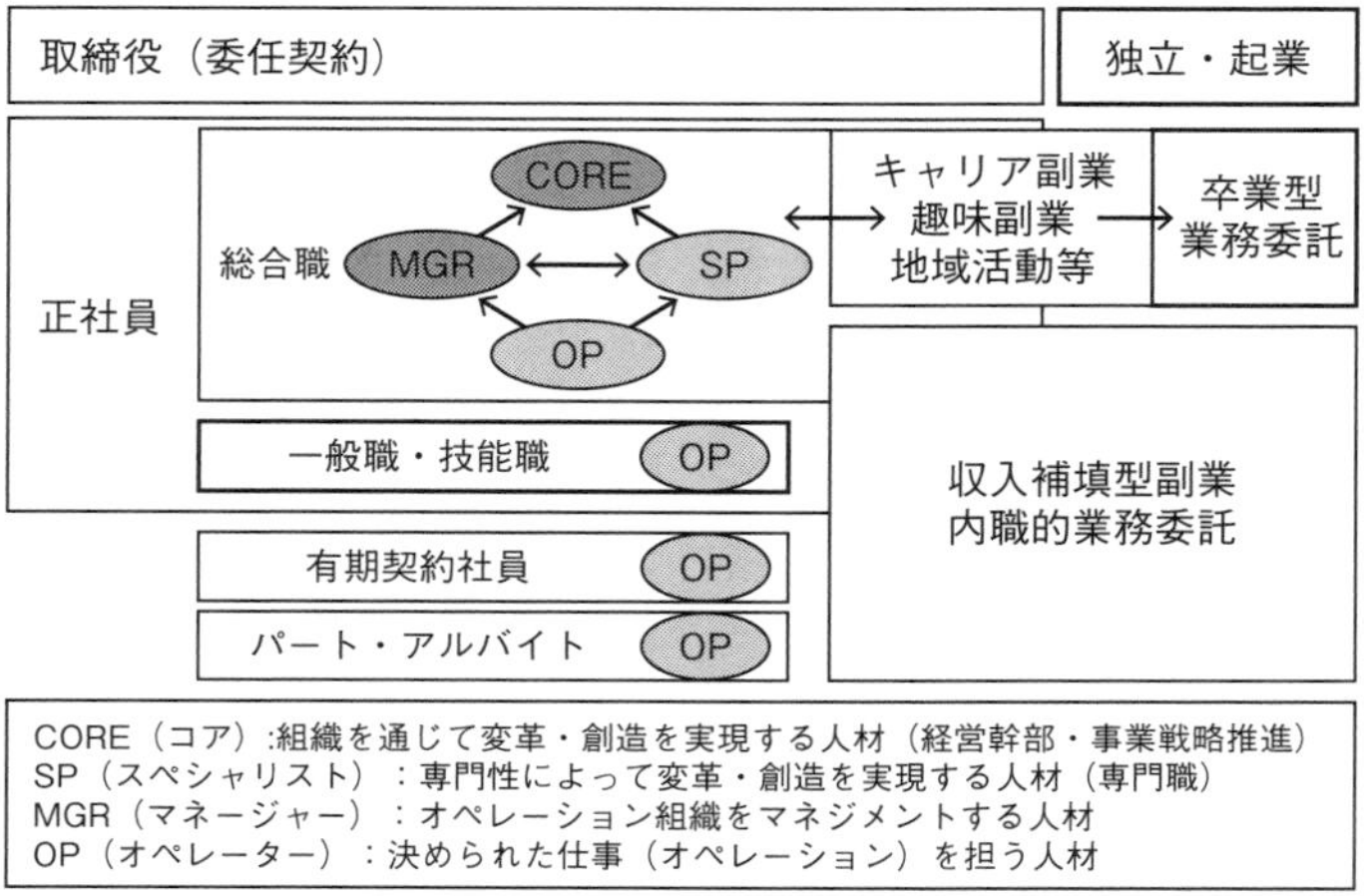

４／５副業、３／５副業

とはいえ、週5日、40時間以上自社で通常に働いてもらって、それ以外は「副業してもいいよ」というのは、やはり健康上の理由もあり、お勧めできません。

そこで検討したいのが「４／５副業」「３／５副業」です。４／５副業とは、週４日、正社員として働いてもらい、他は副業可とする、３／５は、週３日働き他は副業可とする、というものです。

みずほフィナンシャルグループが、希望する社員を対象に、週休３～４日制を導入します。これもこの動きの一環でしょう。

これなら週１日、または週２日の副業が可能です。もちろん給与は４／５、３／５にします。人件費削減も見込め、副業のメリットも甘受できる仕組みと言えるでしょう。

それでも「他社との雇用契約」は、労働時間管理問題、労災の問題も含め、リスクも高いので禁じるべきだと考えます。

副業に出すなら、副業を受け入れよ

ライオンは他の企業の社員などを対象に、副業で働く人を公募しています。ヤフー、ユニリーバ・ジャパンなど、徐々に副業人材を獲得する企業も増えてきました。

しかし、まだ少数のようです。

大手企業を中心に、副業で「出す」ことに取り組み始めた企業は増えてきましたが、まだ「受け入れる」会社は少ないように見えます。

私の友人が立ち上げた、副業したい人と受け入れたい会社・組織をつなぐ、「副業マッチングサイト」も、「副業をしたい人の登録は非常に多いが、受け入れる企業が極めて少なく、アンマッチな状態が続いている」とのことです。

出すことだけ考えて、受け入れを進めていかないのは、ＨＲとしては偏りすぎていると言えるでしょう。

副業制度を導入するなら、受け入れも同時に考えるべきです。そうでなければ、組織の活性化は進みませんし、社会的にも副業は促進されないでしょう。

そして副業の受け入れはＨＲが主導すべきです。「出すのはＨＲ部門が主管だが、受け入れは現場の判断」という会社もありますが、それでは最適な人的資源配置はできないでしょう。

個々の採否は現場に任せてもいいですが、「どのような人材を、どのような契約形態で活用していくのか」はＨＲがしっかりとマネジメントしなければならないのではないでしょうか。


採用についても、初めから「副業ＯＫ」と示さなければ、優秀な人材が来ない時代です。特にエンジニアは顕著です。ここではもはや「人材を囲う」という時代ではないことがうかがえます。

正社員である必要もありません。「採用」から「活用」に舵を切らなければならないのです。

課題⑦3年でやめる社員

「やめない人を採用しよう」ではコア人材は作れない

日本の特徴的な雇用慣行の一つに「新卒一括採用」があります。新規学卒者を在学中に選考して一括で採用し、卒業後すぐに勤務させる慣行です。

しかし、なぜ新卒一括採用が続いているのでしょう。

企業のＨＲ担当者に「なぜ新卒採用するんですか？」と聞くと、残念ながらあまりロジカルな返答が返ってこないことが多くあります。

「まっさらだから」「他社を知らないから染めやすい」

「採用しやすいから」

「中途採用より離職率が低いから」
「同時に入社させて同時に教育できるから」
……

理にかなっているように思えるものもありますが、「まっさら」「離職率が低い」などは本当でしょうか。

新卒者が「３年で３割辞める」と言われて久しいですが、景気等によって多少の変化はありながらも、１９９５年以降、一貫してやはり３年で３割かそれ以上辞めています。

新卒で入社してその直後に就職活動を再開する人が増えている、という新聞記事もありまし

新卒退職率

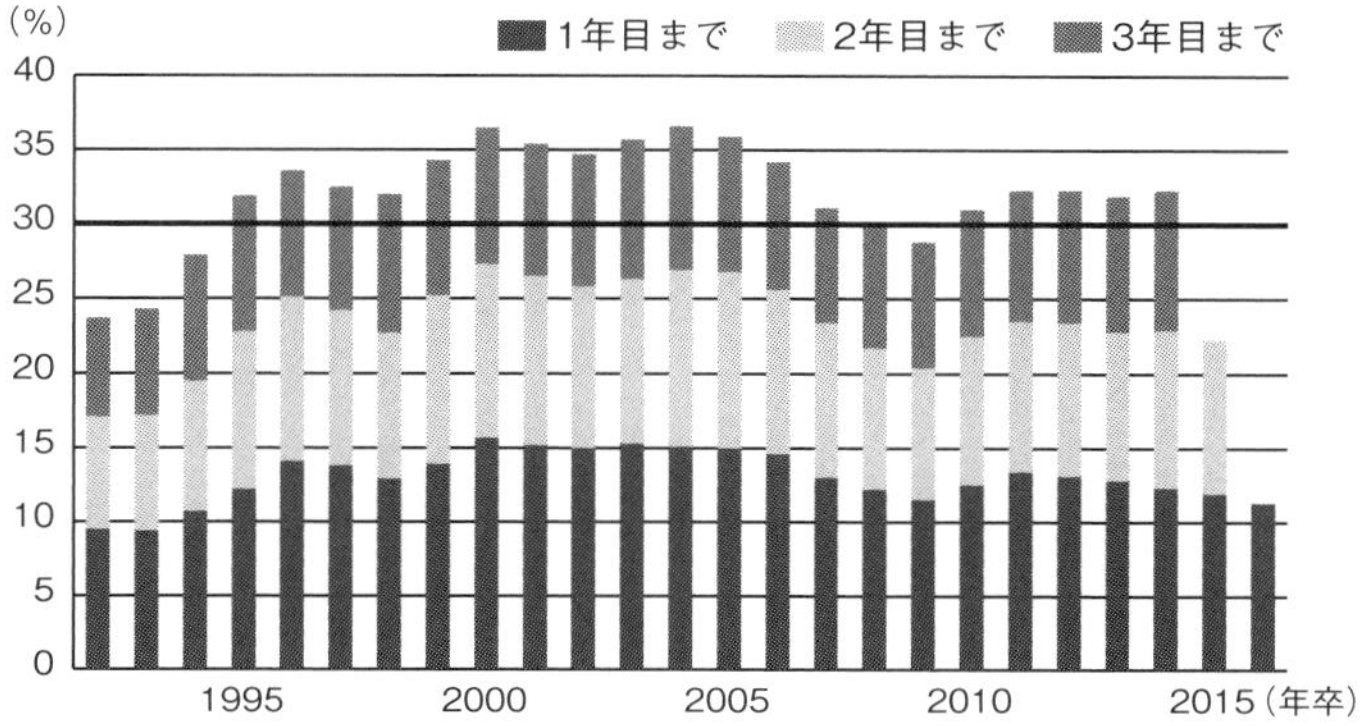

厚生労働省「新規学卒者の離職状況」。
2015 年卒は１年目と２年目、2016 年は１年目のみ

た（日本経済新聞2019年10月9日）。

「新卒の離職率が低い」というのは、どうやら都市伝説です。

「中途採用のほうが離職率が高い」というのは、企業側に問題があることが多いのではないでしょうか。新卒は一括採用で丁寧な導入研修をＨＲが力を入れて行いますが、中途はせいぜい半日か1日ぐらいの研修で済ませて（入社手続きだけして研修を行わないケースも多々あります）、職場に放り込んでしまいます。それでは職場になじめず、辞めてしまっても仕方ありません。

新卒も中途も入社後にきちんと同じようにフォローすれば、「中途入社は離職率が高い」ということにはならないはずなのです。

「新卒はまっさらだから」「染めやすい」というコメントも聞きますが、インターネットがこれだけ普及した現在、「新卒まっさら説」も怪しいものです。

これだけ情報へのアクセスが容易な社会において、「自社に閉じ込めて外部と接触させない」なんてことは不可能であり、逆に経験がないだけ、外部の情報に振り回されるリスクも高くなるとも言えます。

新卒採用は「人事の自己満足」

あえて厳しいことを申し上げますが、新卒採用はHR部門が「楽しいから」行っているに過ぎないのではありませんか？

確かに、学生と会うのは楽しいです。HR担当者の言葉に耳を傾けてくれ、素直にうなずき、感心したように相槌を打ってくれる。そして「御社が第一志望群です」とキラキラした目で言ってくれる。まさに陶酔の瞬間です。

しかし、第一志望群という言葉は、「御社は第一志望ではない」と言っているのと同じです。そして内定を出しても裏切られます。

これほど効率の悪い仕事はありませんね。

ある会社の役員に「なぜ新卒採用をしているんですか？」と尋ねたら、「人事の自己満足だよね」という答えが返ってきました。

これは由々しきことですね。

遠心力が働く人材をつなぎとめる

とはいえ、目的がしっかりしているのならば、新卒採用は有効です。私は人事部長時代に新卒採用を行っていました。これに関しては、当時、経営陣と侃々諤々議論しました。

なぜ新卒を採るのか、何人採るのか、どういう人材を採るのか……。

悩んだ末にたどり着いた答えは、

「長期的な育成を想定する、自社のコア人材候補を確保する」

「コア人材には、様々な部署や職種を経験させ、視野と視点を形成させる」

「10年程度、様々な経験を積ませ、計画的な異動配置を行って、事業企画や経営企画あるいは営業幹部に就かせる、そして15年以内にはグループ会社の経営や本社の経営に参画させる」

「それができるポテンシャルを持ち、一定期間育成期間が持てる、最も人件費が安い層はどこか」

「新卒だ」

ということでした。

そして、そのことを応募者に伝え、コア人材になるためには、「常に会社と仕事のことを考え、厳しい環境にもあえて身を置き、会社全体を俯瞰できるようにならなければならない」「その気はあるか？」という問いかけを繰り返しました。

その結果、一定の入社者を得ることができました。

併せて予想していたことは、「こういう人材は遠心力が働いて、辞めやすい」ということでした。３年で３割以上退職するリスクがあることを想定して、必要人数より多く確保しました。実際、彼らが30歳になるまでに４割残っていればいいほうで、８割辞めた年次もありました。

しかし、遠心力が働く彼らをつなぎとめる求心力を会社が持たなければならず、ＨＲの仕事はそこにある、とも考えました。

「辞めない人材を採用しよう」と考えてしまっては、コア人材は作れません。

そして退職者も出ましたが、残ってくれたメンバーの多くは、30代にして部長職や海外拠点の責任者、グループ会社の役員などに育ってくれています。

ＨＲの仕事は、遠心力が働く優秀な人材を確保し、彼らを育成し、つなぎとめ、大きな活躍をしてもらうための施策を展開していく、ということではないでしょうか。

課題⑧労務リスク

「危機の匂い」をかぎ分けて毅然とした対応を

労務リスクはますます増えているように見えます。メンタルヘルス、ハラスメント、情報漏洩、不正など、企業を取り巻く人的リスクは高まっています。

目的を見失っている組織は、不正が起こりやすいとも言えます。ここでも「考え方」の改革が欠かせません。

メンタルヘルス

「コロナ禍」によるテレワークを主体とする「ニューノーマル」は、働き方の大きな変化です。「通勤時間がなくなった」などのメリットはありますが、「家」→「いきなり仕事」というところの心の切り替えや、在宅勤務による孤独感なども含み、「在宅うつ」の懸念は高まっています。

そもそも人は「変化を嫌う生き物」とされています。哺乳類は、環境が変化しても体温を一定に保つ「恒温動物」であり、これを「恒常性（ホメオスタシス）」と言うのだそうです。「変わらないようにしよう」という生物です。そして「変わらなきゃ」という気持ちがあると、脳が「不快である」という信号を出し、変化の前に戻そうとするのだそうです。脳が、変化をやめさせようとして「不快」のサインを出すということで、それを「ストレス」と感じます。

「変化」そのものが「ストレス」なのです。人により感じ方は違うでしょうが、ストレスであることには変わりありません。

会社のメンタルヘルスを良好に保つには、社員個々人の、変化への適合度を見なければなりません。そして「うつ」などの発生に対しては、専門家と相談しながら、適切な対応をしていくことが求められます。また、「うつ」の発生は、その人の周囲の人にも大きな影響を与えます。適切かつ早急な対応が求められます。

ハラスメント

パワーハラスメント、セクシャルハラスメント、マタニティーハラスメント、モラルハラスメント……。「ハラスメント」とされるものは増える一方です。

「ゴルフやらないの?」と聞くだけで「ゴルハラ」と言われますし、「お酒飲みに行く?」でも「アルハラ」と言われます。「それってハラスメントですよねえ」という「ハラハラ」まで生まれています。

ハラスメントは、広義には「人権侵害」を意味し、相手に不快な感情を抱かせること で、「嫌がらせ」とされます。

ハラスメントが発生すると、大きな企業リスクになります。ハラスメントを防ぐには「どのようなものがハラスメント」にあたるのか、といった知識が大切です。社員に必要な知識を得てもらわなければなりません。

被害を受けている人（相談者）が、気軽に相談できる窓口や相談担当者を設置することも大切なことですが、実際に問題が発生したとしたら、毅然とした対応をしなければなりません。行為者（ハラスメントをした人）がどんなに偉い人であってもです。

事実関係を調べ、懲罰委員会などを仕切り、処分案を出し、会社に処分を決定してもらう、という公正でしっかりした対応を行わないと、社員から会社への信頼を失います。

不正など懲戒案件

企業内には、（やろうと思えば）不正をする機会がたくさんあります。通勤費の不正、経費にまつわる不正、情報漏洩、横領、さぼり、など、細かいものも含めると、限りがありません。

これらのすべてに「性悪説」であたることは簡単ではありませんが、「服務規律」など、ルールをしっかりと定めることは一定の抑止効果があります。

しかし、私にも経験がありますが、不正やハラスメントは、「立て続け」に起こることもあります。企業の変化によって「緩みは一気にやってくる」のです。もう毎週のように「懲罰委員会」を開催していた時がありました。

しかし、そこでしっかりとした対応をし、社内にそれを示さなければ、問題は減らないどころか、増えていきます。

「匂い」「発見」「判定」「入力」「参照」「出力」「保持」

企業内での不正やハラスメントなどの労務問題に、厳しくしっかりとした対応ができるＨＲのプロは減ってしまったように思われます。

ＨＲの仕事は、労務問題に関しては、「匂い」「発見」「判定」「入力」「参照」「出力」「保持」であると考えます。「優秀なＨＲ担当者」は、危機の匂いをかぐのがうまかったように思います。

「匂い」については、危機を予見することです。勤怠データのちょっとした異常、不自然な退職届、出社時や廊下を歩いている時の顔色、評価の結果などの情報から、「なんか変だぞ」という「匂い」をかぎつけるのがうまいのが優秀なＨＲ担当者です。

勤怠データというのは単に集計するだけでなく、「匂い」をかぎわけるとても大切な情報を持っています。「有給休暇取得日が一緒です」という情報から、「不倫」を発見する例もあります（不倫はそれだけなら懲戒案件にはなりません。会社の業務に支障をきたした場合、何らかの対応を行います）。メンタルヘルス、ハラスメント、不正などは、この「匂い」によって、予見し予防することも可能です。

「発見」は、「匂い」をたどっていき、事実を見つけることです。HR担当者は、例えば社員から何らかの話を聞いたとしても、それを真に受けてはなりません。「そういうことがあるかもしれない」として「仮説」として受け止め、事実を確認しなければなりません。調査はHRにとって、とても大切なことなのです。場合によっては「当事者」にわからないように調査を進めることもあります。刑事か探偵のような仕事です。

「判定」は事実を突き止めて、それが間違いない、と判断された時、「ではどう考えてどう対応するのか」を決めていくことです。場合によっては「放置」ということもあり得ます。「経過観察」もあります。健康診断のようですが、すぐに手を打つとは限りません。また、懲戒を想定したり、経営陣に情報を入れたり、人事異動を働きかけたりすることもあります。当然ですが、この「判定」は慎重に行わなければなりません。

「入力」は、判定して実施した事実をしっかりと記録にとどめておくことです。労務問題の対応の記録は、後に、同様の事例が起こった時のためにもとても大切です。

「参照」は、「どのようなことが起こって、どのようなことを行ったのか」を後で確認するものです。「入力」がきちんとされていなければ正しい参照はできません。「出力」は入力された情報を活用することです。人事異動・評価など、労務問題などの人事情報はその時だけ活用されるわけではありません。

「保持」は、時系列的に情報を保管し、いつでも参照できるように残しておくことです。

以上のような積み重ねがあってこそ、公正なＨＲが行えます。

本来、同様の事象には、同様の対応をしなければなりません。「あの人に対する対応」と「私への対応」が違う、不公正だ、と言われた時に、「なぜ違うのか」を明確に説明しなければなりません。ＨＲの持つべき情報と対応は、極めて厳正なものでなければなりません。

プロのネットワークを持つ

労務リスクに関するＨＲ担当者の仕事は、「なんか変だな」という「匂い」をかぎつけ、「発見」した時に、事象に適したプロに確認して、その上でＨＲとしての「判定」をすることです。発見したら信頼できるプロに聞くことが最も早くて確実で安全な方法です。弁護士、社会保険労務士、産業医、コンサルタント、他社の人事担当者などのネットワークを作り、保持しながら、「何かあったらすぐに聞ける」専門家とのつながりを持たなければなりません。

「発見」したらすぐに専門家に聞き（それも複数の）、すばやく「判定」し、対応するのがＨＲ担当者です。

その上で、危機対応能力を高めなければ、ＨＲが会社を守ることができません。

課題⑨管理職教育

「1 on 1」を面倒がる管理職はいらない

「1 on 1ミーティング」を行う企業が増えています。「1 on 1ミーティング」とは、短いサイクルで定常的に実施する、上司と部下の1対1の対話です。

週に1回から最低でも月に1回実施する、とされています。ヤフーやグーグルなどが実施していることで注目を集めています。2017年の「ビジネスコーチ」の調査では、32・1%の企業が「すでに実施している」と回答しています。現在はもっと多くの企業で導入していると考えられます。

先日、有名なメガベンチャー企業の役員に伺いましたが、その会社では、8人の部下に対して（1人の管理職が直接管理する部下は8人以下と決めているそうです）、週に1時間ずつ１ on １を行っているとのことで、「週に１日は、これで終わる」とおっしゃっていました。しかし、このミーティングが何よりも大切だと考えられています。

どうやら「忙しい会社」ほど、１ on １を実施していると言えそうです。なぜか。「１ on １をやらないと、辞めてしまう」からです。若年層の不足は特に深刻です。そして、彼らは、他社が喉から手が出るほど欲しがっている人材かもしれません。簡単に引き抜かれてしまいます。

それをつなぎとめるには、「成長できる」と思ってもらい、そのためのアドバイスや支援を惜しまず行う必要があるからです。その他、退職につながる問題や不安、悩みなどにも、適切に対応していく必要もあります。

それでも１ on １を躊躇する会社があります。「管理職の負荷を高めてはいけない」と考えているようです。

とすれば、「管理職に求めること」についての本末転倒が起こっているとも言えそうです。「部下と定期的に面談することが管理職の負荷を高める」というのは、「いったい管理職に何を求めているんですか？」ということになります。

「管理職に何を求めるのか」を今一度議論し、定義する必要があります。部下と面談しない管理職は、管理職ではない、のかもしれません。

その上で、「忙しくて面談なんかしていられない」という管理職には、はずれてもらう、などの強い対応が必要になるのではないでしょうか。

管理職が「かっこよくなくなった」

労働政策研究・研修機構の調査で、課長以上への昇進を希望する人の割合は、男性で5～6割（係長・主任の7割）、女性で1割（係長・主任の3割弱）という結果が出ています。

昇進を望まない理由には、「メリットがない、または低い」「責任が重くなる」「やるべき仕事が増える」などであり、女性では「仕事と家庭の両立が困難になる」「周りに同性の管理職がいない」などが高い比率で挙げられています。

「責任が重くなる」「やるべき仕事が増える」については、「管理職は責任が重く、仕事量が多い」、その割に「メリットがない、低い」というように見えているようです。要するに管理職は「魅力的な仕事ではない」ということなのでしょう。

私が社会人になった頃の管理職は、今よりは「楽ちん」に見えました。朝から新聞を読んでいるだけの「管理職みたいな人」もたくさんいました。それで給料はいいらしいのですから、「早くああなりたい」と思ったものでした。

しかし、バブル崩壊後、「管理だけしている管理職はいらない」とされて、リストラ対象になり、また「プレイングマネージャー化」が行われました。「プレイングしながらマネジネントしなさい」ということです。これが管理職を一気に忙しくして、魅力的な仕事に見えなくしたのではないかと考えます。

しかし、考えていただきたいのですが、プレイングマネージャーは大変なのです。プロ野球界で「プレイングマネージャー」として成功した人は、私の知る限りではただ一人、野村克也さんだけです。それでもいまだに多くの企業で、経営者から「うちはまだベンチャーだから、プレイングマネージャーじゃなきゃだめなんだ」という話を聞きます。

ある社長は「マネージャーはエースで4番なんだ！」「チームの業績の半分以上を自ら上げなければいけないんだ」という話をしていました。それに対して私から「それもわかりますが、マネージャーが打席に立っている時、部下のヒヨコちゃんたちは、どうしたらいいんでしょうか」と問いかけたことがあります。

管理職とは何か？

HRを強化するためには、「管理職とは何か」を改めて問うていただきたいのです。「プレイングもマネジメントもする、ましてやプレイヤーとして一人で大きな業績責任を負う」という管理職像が正しいのでしょうか。彼らは、それを生き生きとこなしているのでしょうか。

そうは思えません。それを見ている若手は、管理職になりたくない、と思うに違いありません。

私がリクルートで営業をやっていた時、課長は20代でした。彼は課の業績責任を負っていますが、個人としての売上目標は持っていません。もっぱらメンバーの指導やフォロー、同行営業、営業数値管理などを行っていました。明らかにプレイヤーではありませんでした。しかし「管理だけしている管理職」とも違っていました。

少なくともＨＲ担当者は、「プレイングマネージャーがあたりまえ」という前提ではいけません。管理職不在が招いた人材育成の停滞、組織の混乱、責任の不在、業績の停滞など、デメリットも多くあるのです（もちろん管理職廃止によるメリットもあるとは思います）。

グーグルが一度マネージャーを廃止し、その後、復活させたことは有名です。その理由は「何かを学ばせてくれる人や、議論に決着をつけてくれる人が必要だから」だったそうです。

管理職がいなければ、「誰が部下の育成責任」を負うのでしょうか。誰が、「チームの目標達成責任」を負うのでしょうか。ここを社内で議論してほしいのです。

HR基礎解説

管理職が果たすべき役割

次の表は、私たちが、クライアントに提供している「職位要件」という、「管理職が果たすべき役割」を明示したものです。

規模にかかわらず、様々な会社に「こんな感じでしょうか」と提示していますが、ほとんどのクライアントは、ほぼそのまま、この要件を活用し管理職の任免の判断材料にしています。

管理職にはこれだけの仕事があるのです。プレイングしながら、これだけの役割を行うことは、困難だとは思いませんか？

もちろん私も人事部長時代、自身で考え、企画し、資料を作って、経営陣や役員に提案したことはあります。しかし、それは私の仕事の3割以下だったと思います。プレイング部分はそのぐらいが限界ではないでしょうか。

職位要件

職位要件	分野	職務遂行能力内容
本部長	担当職務	本部の長として、最終的な業績責任をもつ。
	上位者の補佐	社長・取締役の補佐をする。
	権限行使	本部長に委ねられる決裁権限を、適切に行使する。
	方針・戦略策定	全社的・中長期的観点から、担当する本部の5年のビジョンを作り、方針と戦略を示す。
	部門目標設定	担当する部門の目標を設定し、経営の承認を得る。
	部門目標明示	設定された目標を所属部門に明確に示し、部門別に目標を設定し、メンバーを動機付けする。
	予算策定	担当する部門の予算を策定する。
	実績管理	予算と実績の乖離を管理し、予算達成に向け都度施策を企画し実行する。
	実績管理権限	本部長としての経費決裁権限を持つ。
	業績管理責任	担当する部門の予算達成責任を負う。
	人材育成・人材発掘	本部全体の人材育成計画を策定し、実行する。直下メンバー及び管理職の育成責任をもつ。評価を適切に行い、本部のメンバーを育成する。優秀なメンバーには機会を与えて成長を促す。
	人事管理	担当する部門の役職任免、人員配置、採用の案を策定する。
	必要能力	上記業務を遂行するための、会社・業界・職種・業務に関する広範な知識と経験・見識をもち、人望がある。
部長	担当職務	「部」の長として、その業績責任をもつ。
	上位者の補佐	本部長を補佐する。
	権限行使	部長に委ねられる決裁権限を、適切に行使する。
	方針・戦略策定	全社的観点から、担当する部の3年間の戦略を提議し、経営の承認を得る。
	目標設定	担当する部の目標を起案し、経営の承認を得る。
	目標明示	設定された部の目標を部内に示し、管下部署ごとの目標を設定させる。
	予算策定	担当する部の予算案を策定する。
	実績管理	予算と実績の乖離を管理し、予算達成に向け都度施策を企画し実行する。
	実績管理権限	部長としての経費決裁権限を持ち、また本部長決裁事項についても、本部長がその認否を信頼する。
	業績管理責任	担当する部の予算達成責任をもつ。
	人材育成・人材発掘	部の人材育成計画を策定し、実行する。直下メンバー（課長）の育成責任をもつ。評価を適切に行い、部のメンバーを育成する。優秀なメンバーには機会を与えて成長を促す。
	人事管理	担当する部の適切な人員管理（役職任免、人員配置、社員の採用）を本部長に提議する。
	リスク管理	部で起こり得るリスクを予見し、対処し、未然に防ぐ。リスクが発生した時には適切に対処する。
	必要能力	上記業務を遂行するための、会社・業界・職種・業務に関する広範な知識と経験・見識をもち、人望がある。
課長	担当職務	「課」の長として、その業績責任をもつ。
	上位者の補佐	本部長・部長を補佐する。
	権限行使	課長に委ねられる決裁権限を、適切に行使する。
	年度方針策定	全社的観点をもちながら、上位方針に基づき、担当する課の年度方針を提議し、承認を得る。
	目標設定	担当する課の目標を設定し、本部長・部長の承認を得る。
	目標明示	設定した課の目標を所属メンバーに示し、個人別目標の設定をさせる。
	予算策定	担当する課の予算案を策定する。
	実績管理	予算と実績の乖離を管理し、予算達成に向け都度施策を企画し実行する。
	一次承認権限	課長として一次承認権限をもち、決裁者がその認否を信頼する。
	進捗管理と支援	課の目標達成のための、全体の進捗管理及びメンバーの進捗を確認し、達成のための支援を行う。
	業績管理責任	担当する課の目標達成責任をもつ。
	人事管理	担当する課の適切な人員管理（メンバーの担当職務決定、勤怠管理・承認、労務問題の発見・一次対応）を行う。
	人材育成	課のメンバーの育成責任をもつ。定期的に面談を行い、育成支援をするとともに、評価を適切に行い、気づきを与え成長を促す。
	必要能力	担当する課における上記業務を遂行するための、会社・業界・職種・業務に関する広範な知識と経験をもっており、上位者・下位者より信頼を得る。

「忙しい」という言い訳をする評価者は失格

人事評価は、第一に「人材育成」のために行われるものです。上司の管理職が評価者になるのは、「育成責任者」だからです。

しかし、多くの企業で評価会議に出席させていただくと、「ちゃんと評価してないなあ」という管理職を見ます。SS・S・A・B・Cという評価軸なら、すべての評価項目で「A」と評価している。優れている点の評価もなければ、改善すべき点の指摘もありません。「可もなく不可もなく。以上！」という評価です。

それでは部下に「気づき」を与えることはできません。成長は気づきによりもたらされます。「無知の知」ともいいますが、「知らないことを知っている」「できていないことを知っている」状態になってはじめて、何を学び、何ができるようになれば成長できるのか、が明らかになります。

それをしっかり行わない管理職は、評価者として失格です。「忙しくて……」は言い訳になりません。

これは前述のような「プレイングマネージャー化」の弊害とも言えます。管理職が部下の仕事ぶりを見ることができないほど、「自分の仕事」に埋没しているようでは、とても評価などできるはずがありません。

経営者にも「評価ばっかりやってたら業績は上がらない」と公言する方もいます。そうなったら評価制度は形骸化したも同然です。ならば評価などしなければいいでしょう。

しかし、そうしたら誰が人を育成するのでしょうか。HR部門でしょうか。HRは、その一部を肩代わりすることはできます。しかし日常的に人を育成することはできません。ならば、「誰かが」育成しなければならないはずなのです。

管理職には「業績達成責任」と「人材育成責任」があります。そこを明確にしなければ、人は育ちません。

「ここにいたら成長できない」と感じた若手は流出します。その責任は会社と管理職とHRにある、といっても過言ではないでしょう。

評価会議で、部下に低い評価をすることを「しのびない」という管理職がいます。「親心評価」という言葉も聞きました。私はそういう時に「愛がないですねえ」とお伝えすることにしています。「しのびない」を続けていたら、最も困るのが「本人」なのではないでしょうか。「評価されていない」のに「評価されている」と思ってしまいます。「A」という評価が「OK」だとしたら、できていないのに「A」と評価をしてしまうことが、最も残酷なことなのではないでしょうか。

そしてある日いきなり退職勧奨されたら、それは到底受け入れられるものではないでしょう。

「ダメなものはダメ」と伝えることにより、本人は気づいて改善するかもしれません。そのチャンスを奪っているのです。

こういうところでも部下に真剣に向き合う、という管理職が求められているのです。

管理職に求めることを再定義する

管理職には、「タスクマネジメント力」「ヒューマンマネジメント力」「リスクマネジメント力」が必要です。タスクマネジメント力により、効率的に業務を遂行させ、組織目標を達成します。ヒューマンマネジメント力により、円滑なコミュニケーション環境を作り、人を育てます。リスクマネジネント力により、様々なリスクを未然に防ぎ、リスク発生時には被害を最小限に食い止めます。

さらに、「リーダーシップ」も求められます。「組織の数年後のビジョンを描き、そこに向かう戦略（道筋）を明確に示すこと」です。

これらの能力は、極めて高度なものです。管理職は「高度なマネジネント専門職」とも言えるでしょう。これらの能力があれば、どこの会社でも管理職として活躍できます。

企業内教育において、管理職教育は、とても重要なことです。管理職には会社の「人・モノ・金・情報・時間」などの大切な経営資源を預けるのです。ここを疎かにしてはなりません。

また、全社員に教育を行うより、「教育をする管理職」の教育に力を入れたほうが効率的でもあります。

管理職教育を徹底してください。手間暇かけても行うべきでしょう。

課題⑩脱・東京

「地域限定社員」は慎重に

脱・東京がはじまった？

パソナグループが本社機能を東京から兵庫県淡路島へ移転すると発表し、社員の移住が始まっています。社員1200人が淡路島に移り住むそうです。

この動きは、東京一極集中の解消と、地方の活性化にとって、一挙両得に思えます。東京の通勤地獄や住居費の高騰と、地方の衰退の解消は、永年の日本の課題でした。その意味で、「なぜ東京なんだろう」という発想は、ＨＲに大きな考え方の転換を示唆するものでしょう。

私のクライアントの会社においては、創業者がシンガポールに移住し、新しいビジネスを立ち上げています。外資ではありません。日本のことだけ考えるのではなく、世界を視野に入れていくには、日本の中にいてはならない、という創業経営者の想いです。本社機能はまだ日本にあり、経営者を立てていますが、創業者は、ネットを通じて会社のマネジメントを続けています。

「東京でなければ」「日本でなければ」という発想は、これからはいらないのかもしれません。

かつてのような、東京とそれ以外の地域での情報格差は、ほぼないと言っていいでしょう。瞬時にあらゆるメディアやネットで情報が広がります（その分、その情報の確かさは、検証する必要があるでしょう）。

シンガポールまでとは言わなくても、東京から地方へ移住する動きも活発になってきました。「週１日東京に出社するだけで、あとはテレワークだから、東京にいる必要がない」というのも、一理ある話でしょう。それで仕事が成り立つのならば、コロナ禍が去っても、この動きは止まらないものと言えるでしょう。「毎日会社に行く必要は、実はなかった」ということに気づいてしまったのです。

転勤の概念はなくなるか？

その意味で、「転勤」という概念も薄れていくかもしれません。

企業は「転勤なし」という施策も打ち出しています。ＡＩＧ損害保険は全国転勤を廃止しました。その結果、応募者が10倍になったとも言われています。

転勤を繰り返して、総合職として出世していく、というキャリアイメージは崩れつつあるようです。

転勤は様々な経験を積み、コア人材に育っていくためには必要なことだったかもしれませんし、いろいろな地域で様々な経験を積むことも大切だったと思います。

しかし、たとえ地方拠点に所属していても、転居まではせず、週に1～2日ぐらい地方拠点に顔を出し、あとはテレワークで営業などもこなす、ということが現実的に可能になります。「転属（所属が変わる）」したとしても「転勤（勤務地が変わる）はない」ということがあり得ます。

それならば、地域限定職を導入していくか、ということになります。全国に拠点がある企業が悩んでいるのは、「転勤あり」で求人を出すと応募者が集まらない、という現実です。「転勤なし」は、地方で人を採用する時に有効な手段です。

勤務地を限定して雇用する「地域限定職」を導入する企業は多くあります。

しかし私は「地域限定職」については「慎重に考えてください」と言いたいのです。その地域の事業所がなくなった場合どうするのか、雇用の保障をどこまで行うのか、事業所がなくなった場合の条件をしっかりと整えて「地域限定職」制度を行っていただきたい。テレワークが可能な職種ならばよいでしょうが、そうでない場合については、将来を考えて、慎重に見極める必要がありそうです。

一方、本社の脱東京については、大胆に考えてもいいかもしれません。本社がどこにあっても、優秀な人材を集めることはできそうです。

課題⑪ＳＤＧｓ

きちんと対応しなければならないこと

ＳＤＧｓという言葉をよく耳にするようになりました。ＳＤＧｓのあの円形のカラフルなバッジをつけている人も時々見かけます。

ＳＤＧｓとはSustainable Development Goals（持続可能な開発目標）の略称です。国連加盟国１９３か国が２０１６年から２０３０年の15年間で達成するために掲げた17の目標で構成されています。

17の目標それぞれが、とても大切なことですが、特にＨＲに関連するのが、「ジェンダー平等を実現しよう」「働きがいも経済成長も」「人や国の不平等をなくそう」という目標ではないでしょうか。会社がＳＤＧｓを理解し推進していることを社内外に示すことが求められていくでしょう。

ジェンダー平等を実現しよう

ＳＤＧｓが目指すのは、男性も女性も社会的に平等であること、性別で差別しないこと、そしてＬＧＢＴ（生まれつきの性別ではなく、体と心の性が違う人や恋愛対象が同性であったりする人）の存在を社会が受け入れることも大切とされています。

その観点からすると、ＳＯＧＩという概念が、ＨＲには適切かもしれません。

ＳＯＧＩは、Sexual Orientation and Gender Identityの頭文字で、性的指向／性自認のことを言います。つまり「どんな性別を好きになるのか」「自分自身をどういう性だと認識しているのか」という状態を指します。つまり、すべての人が当てはまります。

ＳＯＧＩは「属性にかかわらず、平等」という意味でも使われます。

「ＳＯＧＩハラスメント」という言葉もあります。性的指向や性自認について、差別的な言動などを行うことを言います。すべての「性」「性的指向」「性自認」について平等を実現することを目指さなければなりません。

この課題への対応には、ソフト面とハード面があります。ソフト面は、任せる仕事や処遇、休暇などの課題であり、ハード面はトイレや更衣室という物理的な課題です。ソフト面についてはすでに取り組みも進んでいます。ＳＯＧＩは仕事のパフォーマンスには関係ありません。ただ、女性に関しては「出産」がありますので、そちらについては施策が必要です。

育児休業、育児短時間勤務などについては、女性に限ったことではなく、男性にも積極的に認めていくことが大切です。

「男なのに育児休業なんて」という概念は「とても古いもの」という認識が必要です。人生のある時期、家庭・子供中心の生活があってもいいでしょう。その意味では、「リカレント教育」という考え方にも結び付きます。

「リカレント教育」は、「生涯学習」と考えてもいいでしょう。

従来の、「中学・高校・大学を卒業したら定年まで連続して働き、その後リタイアして余生を過ごす」ということは、現在考えにくくなっています。

『LIFE SHIFT　100年時代の人生戦略』（リンダグラットン／アンドリュー・スコット、東洋経済新報社）は、人生100年時代においては、「卒業後すぐに就職し、ずっと同じ会社で働こうとする」「永続する企業を目標に起業し、すべて仕事に捧げる」「休日をレクリエーション（娯楽）にあてる」という生き方はしてはならない、と指摘しています。

人生100年時代を考えれば、いつでも新たなことを学び、働き、また学び、そしてその間に豊かな時間を過ごすことも大切でしょう。

そう考えれば、人生の一時期、家族や子供としっかりと時を過ごすというのは、SOGIにかかわりなく、大切でしょう。「男は外で働き、女は家庭を守る」という概念は、遠い昔の話のはずです。

しかし、現実は遠い昔になっていません。「女性活躍推進法」が2016年に施行されましたが、そもそもこういった法律があること自体、「そうはなっていない」ということの表れです。

男性はレベルで考え、女性はスタイルで考える

男性は、多くが総合職志向であり、「人気企業ランキング上位から会社を選ぶ」傾向が強く、女性については、その傾向もありながら、自分に合った働き方を志向します。女性には総合職という選択肢もありますし、一般職、派遣という働き方、パート、フリーランスなどの志向もあります。会社選びも必ずしも人気企業で働くことが絶対ではなく、自分に合う会社や働き方を求めているように見えます。

中堅・中小企業、ベンチャー企業でよく聞く話で「女性のほうが優秀な応募者が来る」というのは、彼女たちが、会社選びを「レベル」ではなく「スタイル」で考えているからだと思います。

男性は会社選びを「会社のレベル」で考えているので、働くスタイルの選択の幅が狭いのです。親の影響も大きいと考えます。

SOGIにかかわらず「結婚したら家庭に入り、子育てをする」というスタイルがあっ

てもいいのですが、男性の応募者でこれを言う人はまずいません。

企業側にも、その考え方は根強く、その結果、「女性の管理職が少ない」「では増やそう」という議論になってしまっています。

人生の一時期、1年から2年ぐらい、家庭重視の時期があってもいいよね、と認めていくことが求められるでしょう。

また、テレワークの進展は、ＳＯＧＩに関わりなく活躍できる機会が多くなっていくことを意味しています。

男女やＬＧＢＴという概念そのものを、ＨＲ施策からなくしていくこと、これが求められるでしょう。

ハード面については、現在、様々な取り組みがあります。特に問題になるのがトイレと更衣室でしょう。

私のクライアントから、高卒新卒を採用した際に、学ランを着てきて選考に望んだ応募者が、入社時に「女性として働きたい」と申し出てきてびっくりした、という話を聞きました。「女性として働くこと自体はさして問題はないのですが、トイレと更衣室をどうしましょう」というのが悩みだと伺いました。

この解決策としては、男女別に分かれていない、個室中心の「誰でもトイレ」を用意すること、更衣室も同様の取り組みが必要になるでしょう。この課題には早期に対応していった方がよさそうです。

先日ある大学にお邪魔した時に、トイレに「男性／男性ジェンダー用」「女性／女性ジェンダー用」と表記されていました。まずはここからでしょうか。

正社員の給与を下げざるを得ない

ＳＤＧｓの「働きがいも経済成長も」「人や国の不平等をなくす」という目標においては、「２０３０年までに若者や障害者を含むすべての男性及び女性の、完全かつ生産的な雇用及びディーセントワーク、ならびに同一労働同一賃金を達成する」とあります。

「同一労働同一賃金」については、多くの場面で語られていますので、既に取り組んでいる企業も多いと思います。ディーセントワークとは、「権利が保護され、十分な収入を生み、適切な社会保護が供与された生産的仕事」とされています。ここにおける取り組みは様々ありますが、まず取り組むべきは、正規雇用と非正規雇用の格差の問題でしょう。そこから同一労働同一賃金につながっていきます。

同一労働同一賃金を実現するには、非正規雇用の待遇改善が必要でしょう。雇用形態（正規雇用か非正規雇用かなど）における処遇上の差別をなくしていく、というのは、必要な取り組みであることに間違いはありません。

しかし、取り組まなければならないのは、単に非正規雇用の処遇改善ではありません。それに取り組むことはとても大切なことですが、正規雇用をそのままにして非正規雇用の処遇を上げてしまっては、企業が持ちません。

これは非正規雇用の問題ではなく、「年功序列で放置されてきた正規雇用（正社員）の上がりすぎてしまった処遇の問題」と言えます。

時給1100円のスーパーのパートさんと同じ仕事をしている勤続30年の正社員が仮にいたとして、その人の年収が550万円としましょう。年間1920時間（月160時間×12か月）働いたとして、時給は2864円余りです。

パートさんの時給を2864円まで上げられれば何の問題もありませんが、現実的にこれは難しい話でしょう。とすればどうするか、です。

もしその仕事の価値が時給換算で1100円なのであれば、1100円という処遇にしていくしかない、ということになります。

もちろん、2000円の価値を出せるのであれば、そうしていけばいいと思いますが、そうは簡単にはいきません。

昨今私の会社には、「年功序列を改めたい」という企業からのご依頼が増えています。その背景は様々ですが、一つは同一労働同一賃金への対応です。

ここに取り組むことなく、「非正規雇用の処遇を上げよう」と考えるのは大間違いです。年功序列の改定は、痛みを伴います。そこに取り組む覚悟があるか、が問われています。

その上で、どんな雇用形態、契約形態においても、十分な収入を生むことができて、適切な社会保護が供与されるような生産的な仕事に従事してもらえるように取り組んでいく、ということになるのです。

「採用」から「活用」に転換する

以上から、働く人に対しては、ＳＤＧｓ的に見ても、「男女」「ＬＧＢＴ」をはじめ、高齢者、学生などの聖域を設けないことが求められます。

ここで「雇用契約」や「正社員」というところから考えると詰まってしまいます。正社員、契約社員、パート、アルバイト、業務委託というのは、「レベル」ではなく、働く「スタイル」の違いであり、上下ではなく、横に並べて考える必要があります。「正社員じゃなきゃ部長は無理」という発想から離れる必要があります。

人を雇用契約で「採用」しようというだけではなく、雇用契約にかかわらず「活用」していくことをＨＲは考えなければなりません。

課題⑫ワークライフバランス

「働き方改革」よりも「働く考え方改革」を

「ワークライフバランス」は魅力的な言葉ですか？　ＨＲに携わる者としてはよろしくないのかもしれませんが、私は「嫌いな言葉を5つ挙げよ」と言われたら、そのうち一つがこの言葉です。「働き方改革」と対で語られるこの言葉は「働かない改革」に思えてしまうのです。

私は「働き方改革」よりも「働く考え方改革」が大切なのではないかと思います。

ここで、皆さんに質問をします。次の表の各項目は、右側ですか、左側ですか？　私が、研修などで問いかけると、多くの場合、左側の答えが返ってきます。

●「働く考え方」チェックリスト

働くことは	損である	得である
仕事は	嫌なもの	楽しいもの
働く目的は	生活のため	価値を提供するため
誰のために働く？	自分のため	お客様のため
7億円あたったら	会社を辞める	辞めない
働くことは	生活のためにしかたのないこと	人生を豊かにしてくれること
ワークライフ	ワークライフバランス	ワークライフブレンド ワークアズライフ
休みの日は	仕事を忘れていたい	仕事のことを考えている（それは苦ではない）
モチベーションが高いのは	金曜の夕方	月曜の朝
その会社を選んだ理由は	待遇がいいから	理念に共感したから
仕事のしかたは	言われたことをする 指示を待つ	自分から仕事を作る 周囲を巻き込む
	できない理由を考える	どうしたらできるか考える
仕事は	楽にしたい	楽しくしたい
	減らしたい	もっとやっていたい
働いている時間は	早く帰りたい	時間を忘れる
担当業務ではない仕事をするのは	できるだけ仕事を減らしたい	もっといろいろなことをしたい
	仕事が増えるのは嫌だ	仕事が増えると嬉しい
働く価値観は	安心・安定	自由・冒険
変化には	変わりたくない このままがいい	変化したい 成長したい
通勤時間は	スマホでゲーム	スマホで日経
ノー残業デー	ゲームを楽しむ	人脈を作る
雇用形態・働き方は	正社員がなにより	契約形態にこだわらない
つまらないのは	会社が悪い 環境が悪い	自分が悪い
仕事中は	コントロールされたい	コントロールしたい
結局は	労働は悪だ	働くことは自然なことだ
	お金のため	人の役に立つため

「この人、生き生きと働いているなあ」という人に同じ質問をすると、多くの場合、右側の答えが返ってきます。

どちらがよい、悪い、という話ではありませんが、右側に寄っている人は、働く日も、休日も、楽しく人生を送っているように思えます。もちろん、それにはそれ相応の努力は必要だと思いますが。

もし、ほとんど「左側」だという人がいれば、それで長時間労働は確かにつらいですし、危険です。

そこで、有名な「石切り職人」の話も考えてみていただきたいのです。

石を切り出している現場で、4人の「石切り

● 石切り職人の「働く考え方」

石を切り出している現場で、４人の「石切り職人」に「あなたは何をしているんですか？」と尋ねた。答えはそれぞれ違っていた。

1人目　「食うために石を切ってんだ！」

2人目　「国で一番の石切り職人として仕事しているんだ」

3人目　「立派な教会を作っているんです」

4人目　「みんなの心のよりどころを作っているんです」

職人」に「あなたは何をしているんですか？」と尋ねたところ、答えはいろいろでした。

一人目は、お金のために仕事をしています。

二人目は、職業意識があり、誇りをもって仕事をしています。

三人目は、目的を理解して仕事をしています。

四人目は、使命・ミッションを理解して仕事をしています。

グーグル元ＣＥＯと半沢直樹の主張

グーグルの元ＣＥＯ、エリック・シュミット氏らは、『How Google Works』（日経ビジネス人文庫）において、次のように語っています。

「ワークライフバランス。これは先進的経営の尺度とされるが、優秀でやる気のある従業員は屈辱的に感じることもある要素だ。

このフレーズ自体に問題がある。多くの人にとってワーク（仕事）はライフ（生活）の重要な一部であり、切り離せるものではない。

最高の文化とは、おもしろい仕事がありすぎるので、職場でも自宅でも良い意味で働きすぎになるような、そしてそれを可能にするものだ。

だからあなたがマネージャーなら『ワーク』の部分をいきいきと、充実したものにする責任がある。従業員が週40時間労働を守っているか、目を光らせるのが一番重要な仕事ではない」

読み替えれば、あなたがもし経営者かＨＲ担当者であるのならば、「従業員が週40時間労働を守っているか、目を光らせるのが一番重要な仕事ではない」ということです。

落合陽一氏は、『超ＡＩ時代の生存戦略』（大和書房）において、次のように述べています。

「ワークライフバランス。（中略）今の社会に即すと、僕はこの言葉にとても違和感をおぼえる。いつでもどこでも情報と繋がり、それゆえにいつでも仕事とプライベートが混在するような世の中になった今、ワークがライフでない時点で、言葉が実生活と矛盾しているのではないかと感じるわけだ。（中略）

そういった時代背景は、グローバル化とインターネット化と通信インフラの整備によって、ワークライフバランスという言葉は崩壊したことを意味している。ワークとライフの関係性は完全に『バランス』ではなくなった。

これからは『ワークアズライフ』、つまり差別化した人生価値を仕事と仕事以外の両方で生み出し続ける方法を見つけられたものが生き残る時代だ」


そして、半沢直樹は次のように言っています。

「仕事は客のためにするもんだ。ひいては世の中のためにする。その大原則を忘れたとき、人は自分のためだけに仕事をするようになる。

自分のためにした仕事は内向きで、卑屈で、身勝手な都合で醜く歪んでいく。そういう連中が増えれば、当然組織も腐っていく。組織が腐れば、世の中も腐る。わかるか？

結果的に就職氷河期を招いた馬鹿げたバブルは、自分たちのためだけに仕事をした連中が作り上げたものなんだよ。顧客不在のマネーゲームが、世の中を腐らせた。

仕事は与えられるもんじゃない。奪い取るもんだ」（池井戸潤『ロスジェネの逆襲』文春文庫）

HRの施策を考えるためには、「ワークライフバランス」を鵜呑みにせず、どのように考えていけばいいのか、熟考してほしいのです。「働く目的は何なのか」「働くことを減らすべきことなのか」「どうやったら右側に持っていけるのか」をじっくり考えてください。これを私は「働く考え方改革」と言っています。

立ち向かうべき現実

次のグラフはある調査結果ですが、働く目的として最も多いのは「収入」です。まあそれは仕方がないことかもしれませんが、「仕事を選ぶ際に重視すること」は、「待遇」「休日」「福利厚生」が多く、特に20代ではそれが顕著です。

この現実にどう立ち向かうのか。それがHRの役割です。

「ワークライフバランス」を「時間」で考えるのならば、労働時間を減らすわけですから、収入は下がります。それを避けるためには生産性を高める必要がありますが、生産性が高まったかどうかを測る指標が必要になります。成果に対する評価をしっかり行うことが必要となります。

それなくして、労働時間を単純に減らせば、創出される価値は減り、会社の売上は落ち、働く人たちの収入を下げることになります。

「収入を減らしてでも、仕事以外の時間を増やしたい」のであれば、それも一つの生き方です。しかし「働く時間は減らしたいが収入は減らしたくない」ということは、なかなか難しいことです。

「だったら、どうやって生産性を高めるのか」に取り組まなければなりません。

ここまでの「ワークライフバランス」の議論は、「働く時間を減らす」ということが先行していたと考えます。その結果、「残業が減って収入が減った」ということになってしまい、「ライフ」の時間を充実させようにも「お金がない」ということになってしまいます。それで「では減収を補塡するアルバイト副業をしよう」では本末転倒でしょう。

単純に「労働時間を減らす」ということだけに注目してはならないのです。

● 働く目的

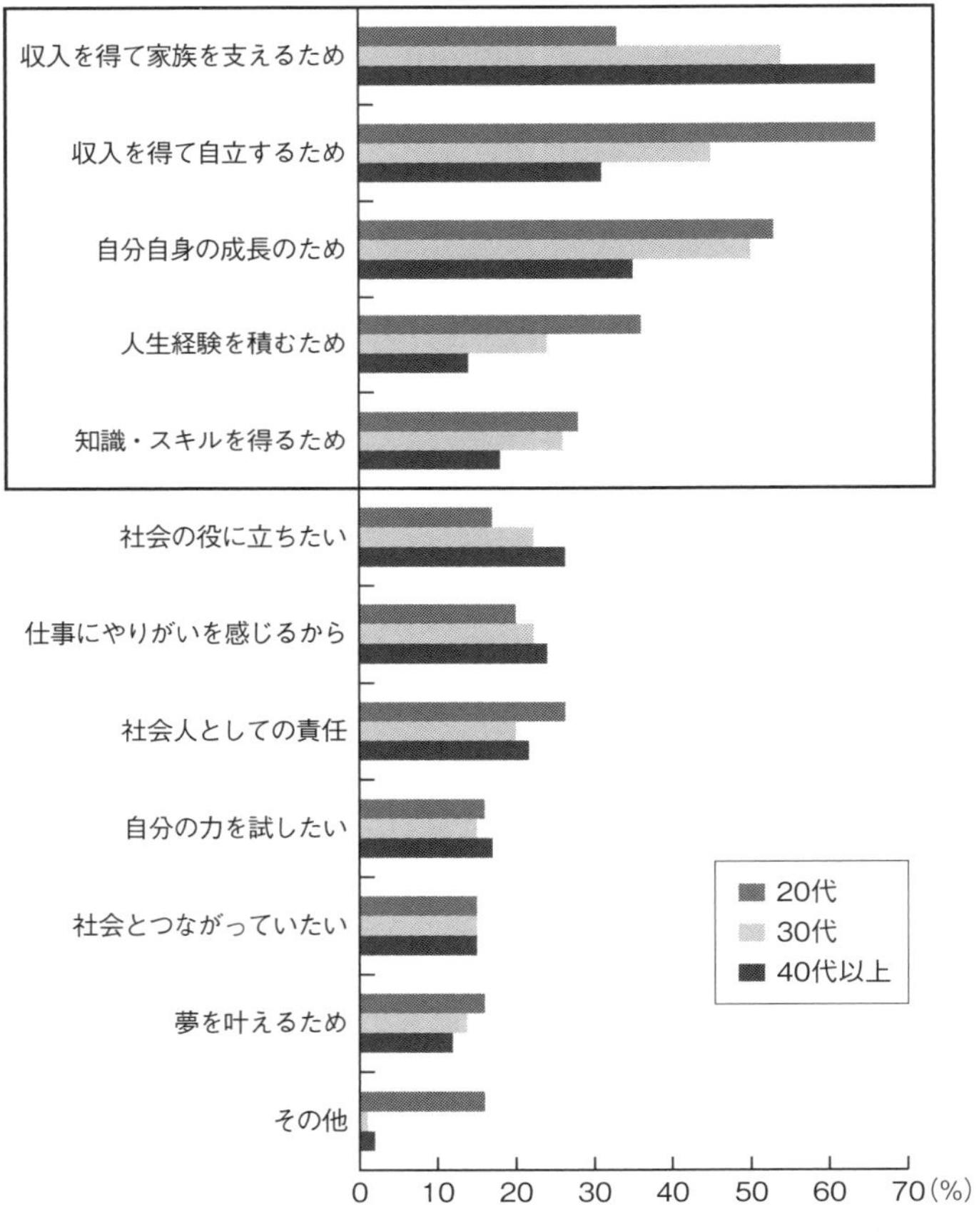

『エン転職』上で、現在就業中のユーザー4551人に「仕事」についての調査　2015

●仕事を選ぶ際に重視すること

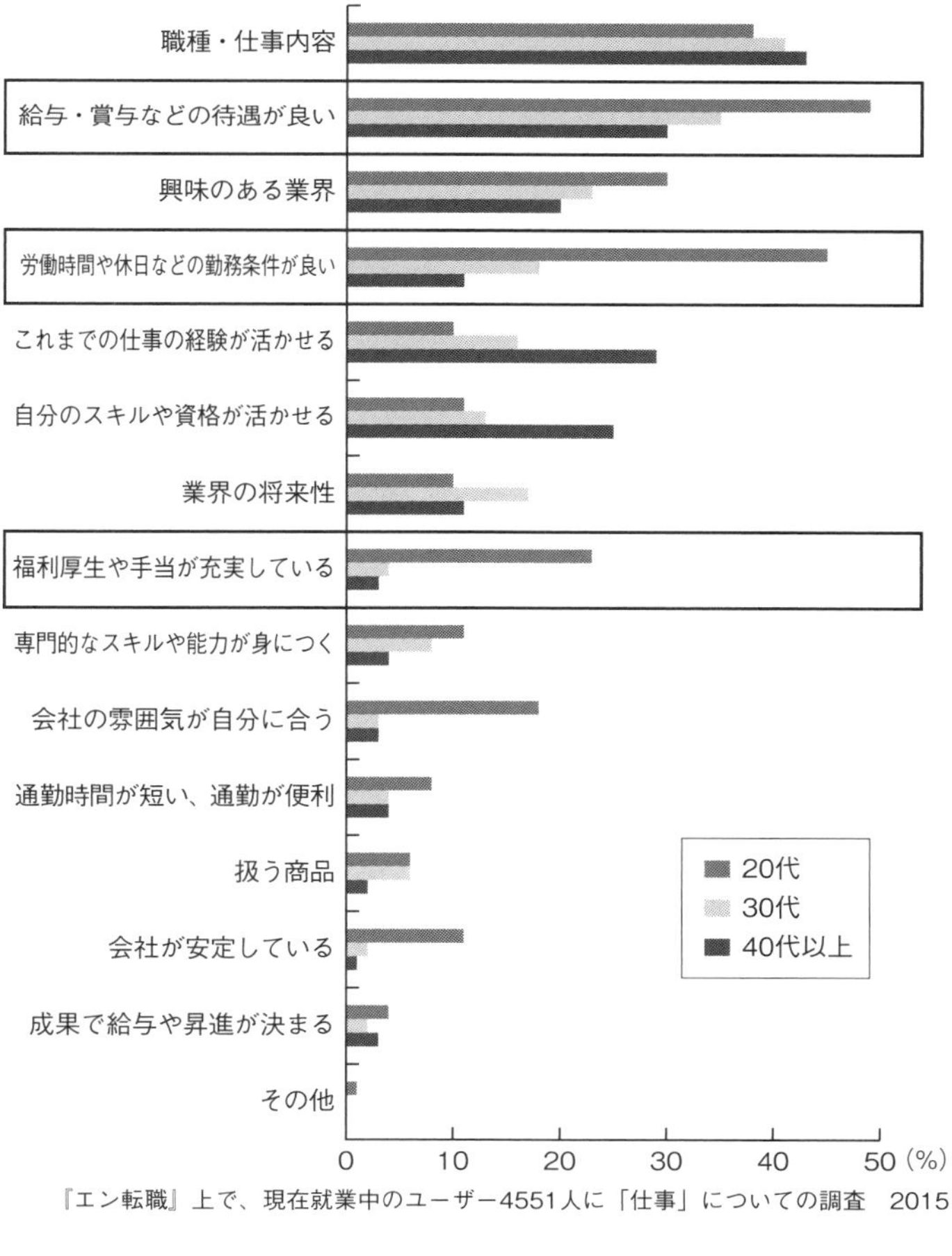

『エン転職』上で、現在就業中のユーザー4551人に「仕事」についての調査　2015

課題⑬上昇志向の低下

「成長意欲のない人」をどうしていくか

「マイルドヤンキー」という言葉をご存じでしょうか。マーケティングアナリストの原田曜平氏が、2014年1月に定義した概念です（『ヤンキー経済』幻冬舎新書）。

マイルドヤンキーの価値観は次の通りだそうです。

「地元企業に勤めて週末は幼なじみとショッピングモールに出かける。行動エリアが半径5キロメートル以内で完結するという。大都市に出る志向がなく中学校時代の友人などとの強い人間関係と生活基盤を作り、家族生活を楽しもうとする。身近な世界以外に関心が低く、出世などの野心が乏しい」

「給料が上がるとしても転勤は嫌。絶対地元を離れたくない」

「スポーツカーより仲間と乗れるミニバンが最高」


ここに示されているように、若い人たちの「地元志向」はかつてなく強くなっているように思われます。一方で、「上昇志向」が弱まっているようにも見えます。

地方に限りませんが、次のグラフのようなデータもあります。新入社員に聞いたアンケート調査の結果です。

「経済的に豊かになる」や「自分の能力をためす」より、「楽しい生活をしたい」と考える人が多く、半数を占めます。近年どんどん増えています。

そして、「人並み以上に働きたいか」「人並みで十分」かについては、「人並みで十分」という回答が倍以上です。

さらに、「好んで苦労することはない」という答えが、過去最高だそうです。

もはや「若いうちの苦労は買ってでもしろ」という時代ではなくなったのでしょう。

● 新入社員意識調査①

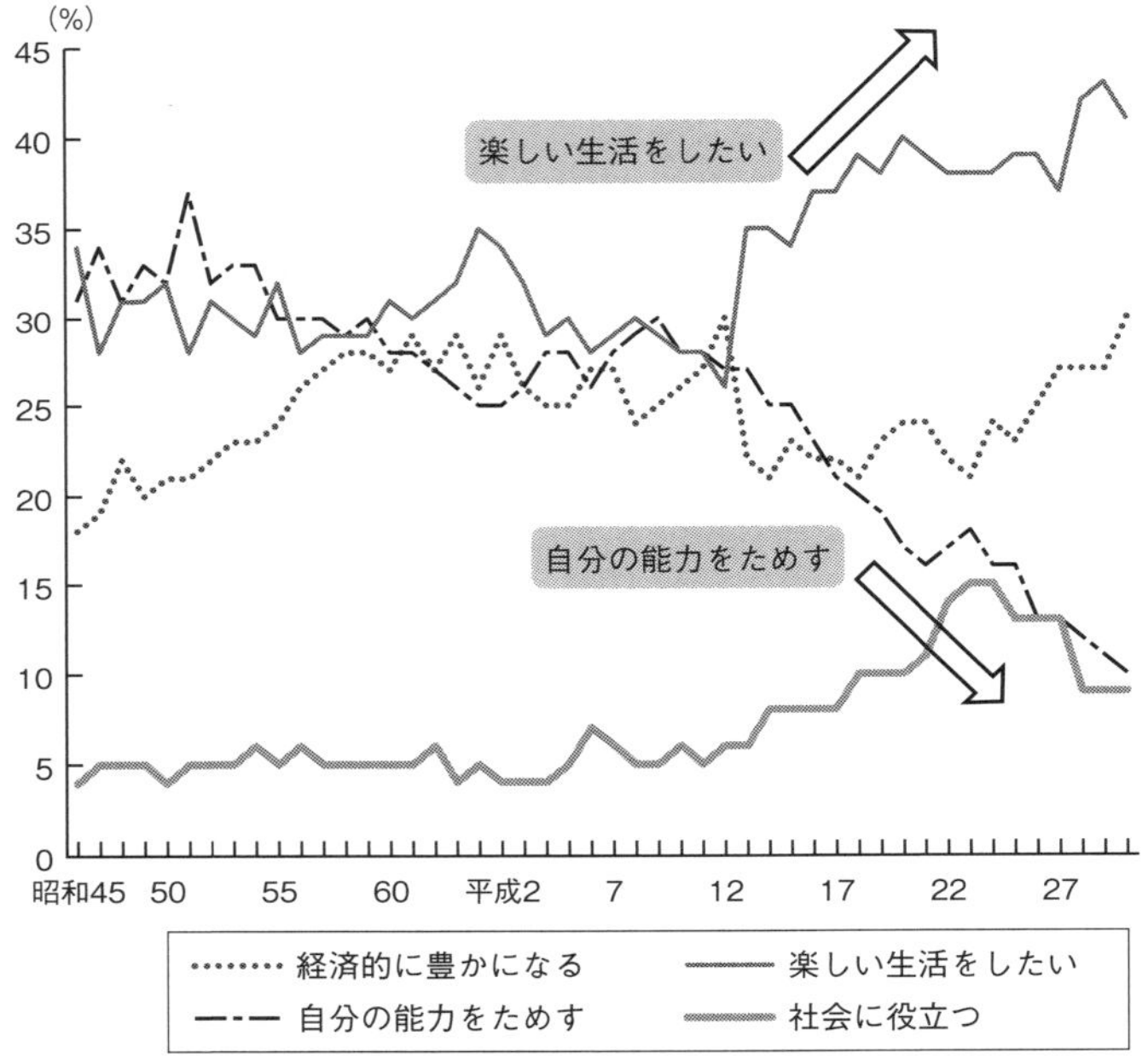

日本生産性本部と日本経済青年協議会
2018年度新入社員1644人を対象に調査書記入形式で実施

新入社員意識調査②

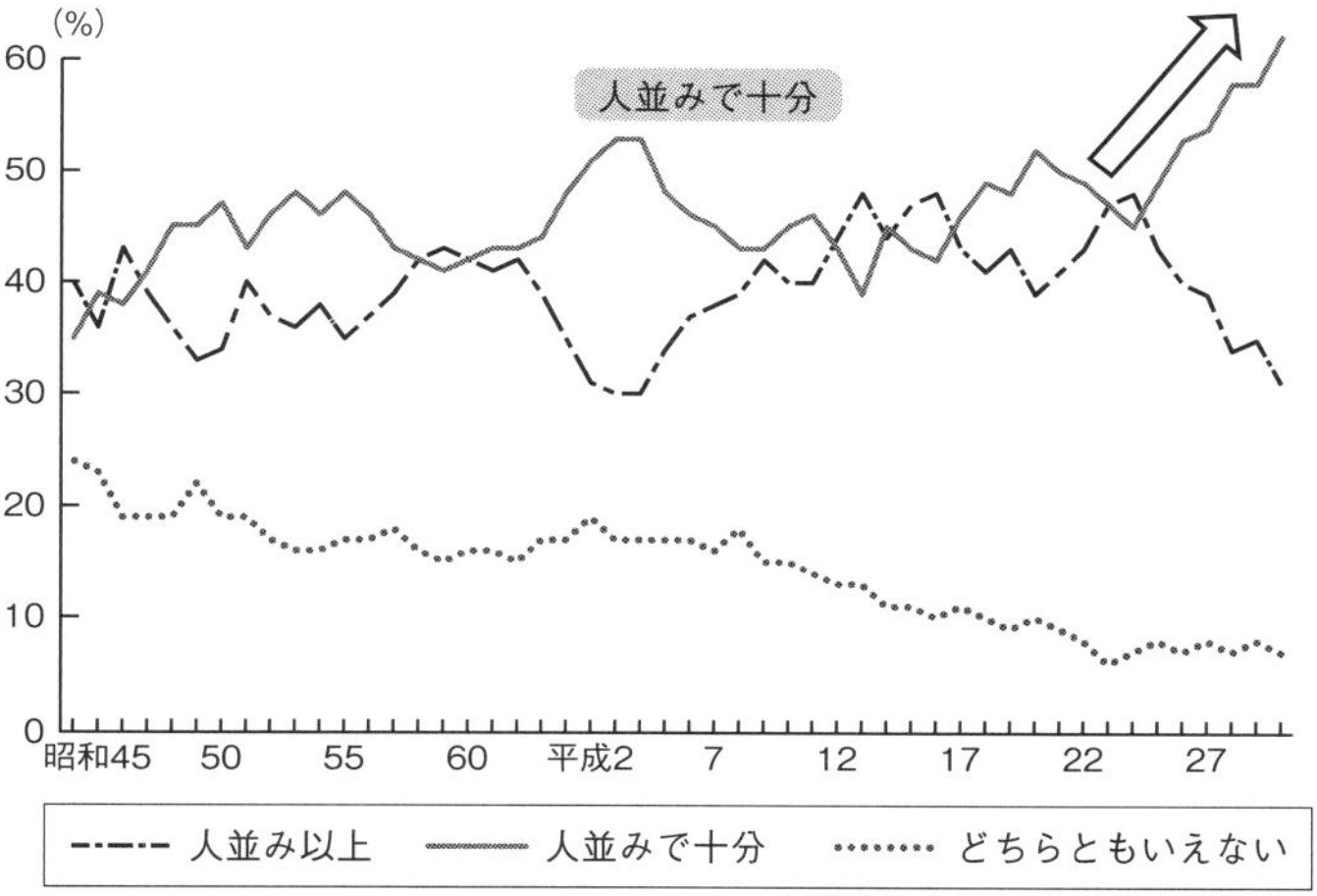

新入社員意識調査③

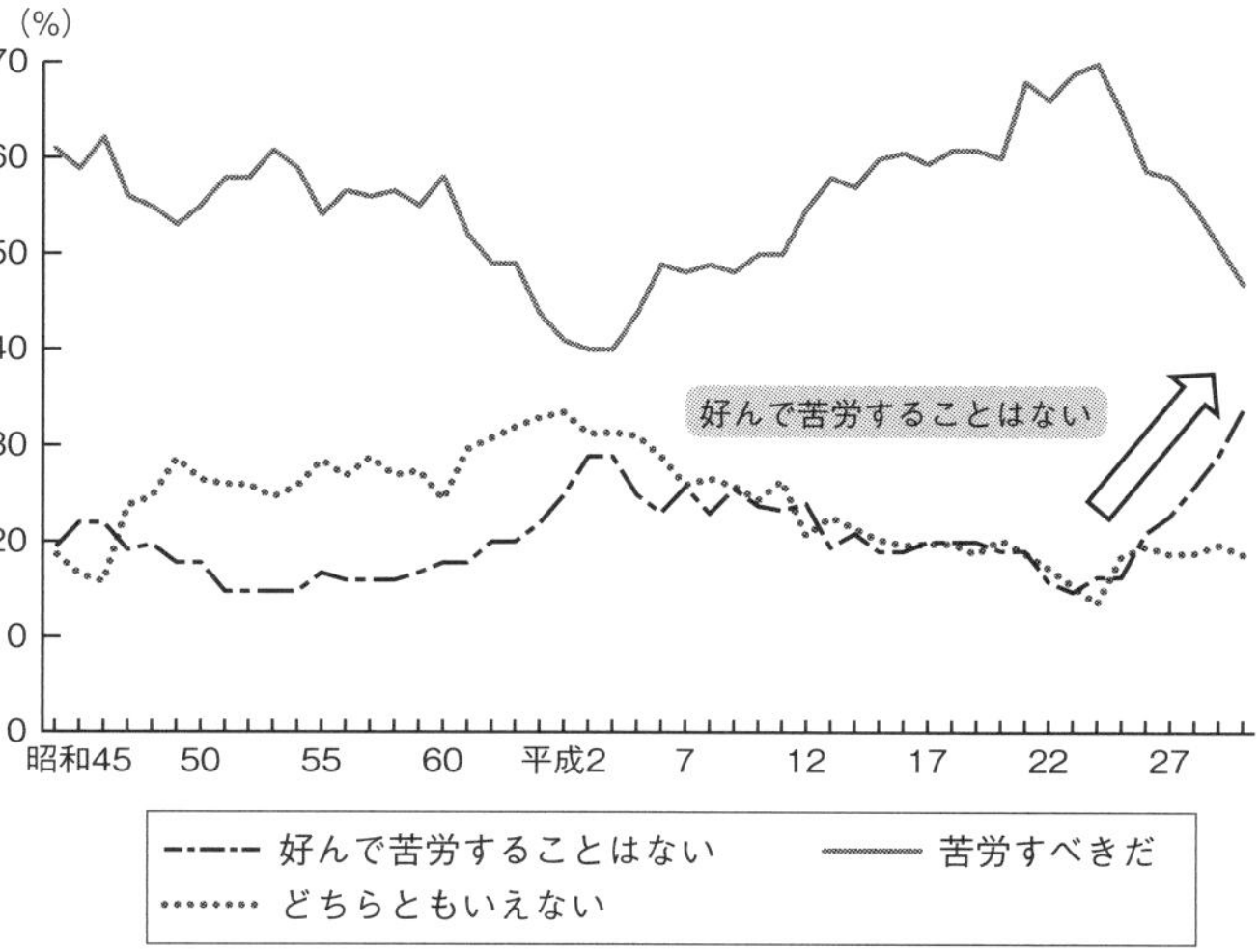

「命の危険がない限り、私は変わりたくありません」

ある若い人に聞いたことがあります。パフォーマンスが上がらず、周囲から低い評価を受け続けていた人です。低評価であることを伝えたうえで、「自らが変わらなければ事態はよくならないよ」と。

返ってきた答えは、「命の危険がない限り、私は変わりたくありません！」……きっぱりと言われました。

「成長志向のなさ」「現状維持がなにより」という社員の増加は、会社にとって、非常に頭の痛い問題です。「このままでいいんです」「がんばらなくても今のままでいいんです」という人に処方する薬はありません。だからいって「命の危険」にさらすわけにもいきません。

「変革」は経営の流行語だが……

「変わらなければ生き残れない」と多くの経営者が唱えます。年頭のあいさつなどでの流行語は「変革」です。

「あなたの会社は、成長期、安定期、変革期のどこにいますか？」という問いを、私は様々な企業で問いかけますが、多く返ってくる答えは「変革期」です。

しかし「では何を変えていくのですか？」という問いに有効な答えが返ってくることは少ないというのが実感です。このままでいいと多くの人が思っています。

無理にでも「危機感」を醸成しなければならないかもしれません。現状維持なら「給与が上がらない」、あるいは「下がる」という危機感、場合によっては恐怖心を持ってもらうことも一つの手かもしれません。ハッピーなことではないかもしれませんが。

なぜ会社が変わらなければならないのか。変わらなかったら何が起こるのか。これらを慎重に見極めて、ＨＲの施策に織り込んでいく必要があるのではないでしょうか。

課題⑭従業員シェア

雇用を守るために本当にすべきこと

コロナ禍で「従業員シェア」が注目されました。

例えば、ＪＡＬグループやＡＮＡグループはＫＤＤＩや家電量販のノジマに数百人規模を出向させました。イオングループ、パソナグループなども出向の受け入れを行っています。出向元と出向先での給与の格差が出た場合は、出向元がその差額を負担するケースが多く、従業員の雇用と収入が維持されます。

よい施策だと考えます。出向先での経験は、多くの場合、出向元に戻っても生きるでしょう。

この「出向」というのは、出向元との雇用契約は維持したまま、他社と出向契約を結び、他社の指揮命令下で業務を行うというものです。

副業の場合は、副業先において会社は「人事権」を行使できませんが、出向については「出向から戻す」「延長する」などの人事権を持ち続けることができます。

また、会社が望む業種や職種を経験させることもできるでしょう。この制度は、景気の後退期や緊急時以外にも利用できるでしょう。

自社では得られない経験を、会社主導のもと、他社で経験してきてもらえるため、人材育成の有効な方法の一つでもあると考えます。様々な規模や業種の企業と人的交流を図っていくことは意味があることだと考えられます。

人材を自社に囲っている時代ではありません。逆に発想すると、副業も含め、多企業間で「人材をシェアする」とも言えるでしょう。そうして個々の人材の活躍の場が広がることは望ましいことです。

ということは、その「受け入れ」も積極的に行い、マネジメントしなければならないのです。「他社の優秀な人材を戦略的に出向で受け入れ、自社のイノベーションを促す」ということには大いに意味があります。

ＨＲの究極的な目標

従業員シェアは、一時的な雇用の維持に対してはとても有効な施策です。しかし長期的に見ればどうでしょうか。

「雇用を守る」ということは「経営者の務めである」とよく聞きます。

しかし雇用を守るための手段として、雇用シェアにずっと頼るわけにはいきません。

「ワークシェアリング」ということも注目されました。「解雇することなく仕事を従業員間で分け合うこと」です。一人の仕事を複数人で分担することにより、失業させず雇用を維持する方法です。長時間労働といったハードワークの軽減にも有効です。これにより生産性を上げられるともされていますが、当然社員の収入は下がります。

こちらも「一時的」なものなら有効でしょう。

私は「雇用を守る」というのは、「自社で」ではなく、その人が「どこの会社でもいつでも働ける」ということだと考えています。「辞めたらどこにも行けない」ということこそ不幸なことです。逆に「いつ辞めても大丈夫」と思えることが、どれだけの安心感を本人にもたらすことになるでしょうか。

何人もの経営者と共感していますが、ＨＲの究極的な目標は「どこにでも行ける人がウチにいる」ということではないかと考えています。

そういう人が「結果的に」自社で働いてくれている、という状態がよいと思うのです。そういう人たちが、「ここにいると成長できて仕事が面白いから」と考えて働き続けるようにすることこそ、会社とＨＲに求められていることでしょう。

従業員シェアにしても、「あの会社の社員なら出向を受け入れても活躍してくれそうだ」と思ってもらえるから成り立つものです。あの会社の社員は優秀だよね、と思ってもらえることはＨＲとしてはとても大切なことだと思うのです。

第3章

超ジョブ型
プロフェッショナルの
育成と受け入れ

「どこでも働ける人材」を作る

前章の終わりでも述べましたが、ＨＲの究極的な目標は「どこにでも行ける人がウチにいる」という状態にすることではないかと私は考えています。

そのためには「どこでも通用する人材を作る」ことをＨＲ施策に織り込むことが大切です。それができれば、優秀な人材が集まります。「あの会社に入れば、どこでも通用する人材になれる」というのは、どんな求人メッセージよりも強力です。

従業員シェアの話もしましたが、いざという時、「あの会社の人材なら受け入れよう」と他社で思ってもらえる状態、これは会社にとってもそこで働く人たちにとっても大きな安心材料になります。

そういう人たちが「理念」に共感して、ウチにいる、という状態にする。ＨＲの目的はここにあると言っても過言ではないでしょう。

この理想的な人材である「どこにでも行ける人材」を本書では「超ジョブ型プロフェッショナル」と呼ぶことにします。それは与えられたジョブをこなすだけの人材ではなく、ミッションと目標をしっかり認識して、自分のジョブを自分で定めて、自ら成長していく人材です。

ただし、この理想的な人材像は、なにも「新しい特別な人材像」というわけではありません。テレワークやＤＸ対応など今の時代に必要なスキルはもちろん欠かせませんが、基本的には以前から求められている人材像そのものです。

その代表が「Ｔ型」「Π（パイ）型」と呼ばれる人材です。

T型人材とΠ型人材

長い間、ＨＲの議論になっていたことの一つに、「ゼネラリスト育成か、スペシャリスト育成か」という人材育成の考え方があります。バブル崩壊後や今日など、変革期においては「スペシャリスト」が注目を浴びてきました。「手に職」ブームです。「手に職があればつぶしが効く」と言われます。

たしかに「つぶしが効く」ような「手に職」もあるでしょう。

しかし、そういう「手に職」は、その習得までに何年もの道のりがあり、途中で脱落してしまうケースも多々あります。

また、「資格」や「検定」に受かっても、「それだけでは食えない」というものがたくさんあります。努力して資格を取ってもそれが生きないというリスクもあります。

ＨＲは、自社で働く人たちのキャリアプランを考えていかなければなりません。

キャリア形成には「I型」「T型」「Π（パイ）型」などの人材類型があります。

I型は、一つの専門性を極めることを言います。深く掘り下げます。しかし、その専門性が陳腐化すると「食えなく」なってしまいます。

T型は、一つの専門性を持ちながら、幅広い知見を持ち合わせている人材です。専門性にプラスしてマネジメント力がある人材に育つタイプです。

Π型は、二つの専門性を持ち、それ以外にもマネジメント力などの広い知見を持っている人材です。

専門性を持ちながら幅広い知見を持つT型、Π型の人材は、特にマネジメントができると組織内で重宝されます。

私は、幸か不幸か、HRを少し経験した後、7年ほど営業を経験しました。当時はとてもつらかったのですが、今になっては、HRもわかりますし、そこそこ営業もわかるということでとても役に立っています。

そもそもHRの仕事の半分は、営業的要素が強いものです。社内外とのコミュニケーション力が欠かせません。HRは人を扱うだけあって「コミュニケーション職」と言えます。ですから、HRと営業を両方経験した人は、T型と言ってもよく、活躍しやすいと言えます。

私と同期で入社したAさんは、その会社に居続け、HR部門を起点としながら、別部門に行ったり、海外を経験したりしてきました。とても大きな会社のHR部門長になっていましたので、成功したと言えるでしょう。

HR部門→他部門→HR部門→他部門や海外→HR部門といった、一つの部門を基軸にしながら、T型に育てていく人材育成手法です。これはとても有効な施策です。

まずHRは、社内の人材育成について、その人が「どこにでも行ける人材になる」ことを目的とするのであれば、専門性と、それを発揮できるマネジメント力やコミュニケーション力をつけさせることがよいのではないかと考えます。

その意味で、単純な「ジョブ型」の志向は、将来的なリスクを伴うと言えます。

一方で漢数字の「一型」というのもあります。「一型」は、なんでもできるゼネラリストです。しかし、「なんでも屋はなんにも屋」とも言われ、「結局あなたは何ができるんですか」という問いに対して窮してしまうことも多くあります。

したがって「ローテーションすればよい」というものではありません。「どこにでも行ける人材」を育てるためには、まずはT型を目指させるべきでしょう。一つの職種を基軸にしながらも（ジョブ型的）、異動で別の職種を経験させる（一部メンバーシップ型）ことです。そのような人材育成計画、配置計画を組むべきでしょう。マネジメント力があるスペシャリストは貴重です。そういう人材を育てましょう。

一つの専門性を持つためには1万時間が必要とされています。T型になるには、まずはその分野での1万時間の経験が必要です。頻繁にローテーションをしていたら、専門性を磨けません。ここは「メンバーシップ型」の要注意ポイントでしょう。

さらにΠ型は強力です。2つの分野の専門性を持っている人材です。これがうまく掛け合わされれば最強でしょう。

友人に、映像制作とリクルーティングの双方を経験した人がいて、彼は起業して、リクルーティング映像制作の会社を成長させています。まさにダブルメジャーです。

しかしダブルメジャーは、一つの会社内ではなかなか育ちません。それぞれに1万時間かけることが難しいからです。転職して別分野にチャレンジするケースが多いようです。

そうしたダブルメジャーを目指す人材を採用するうえでも、「あの会社に行きたい」と思ってもらうことが重要です。

「あの会社に行けば成長できる、世の中に通用する人材になれる」と思ってもらえれば、それは採用力になります。「ここにいればもっと成長できる」と思ってもらえれば、それは定着力・求心力になります。

これらは雇用形態・契約形態にかかわりません。そして「研修」だけが教育ではありません。経験を積める配置をしていくことで多くを学んでもらえます。正社員以外にも有効かもしれません。

「ジョブ型」「メンバーシップ型」の議論に惑わされず、このような人材育成について考えていただきたいと願います。

コンピテンシー、スキル、ナレッジ

T型やΠ型を目指して人材育成を考える時に考えておくべきこととして、「コンピテンシー」「スキル」「ナレッジ」という教育のカテゴリーがあります。

コンピテンシーは「成果を生み出すための欠かせない行動」です。タスクマネジメント（目標設定・計画立案・進捗管理など）やヒューマンマネジメント（コミュニケーションにおける発信力・受信力、人材育成力など）などがコンピテンシーです。詳しくは次の表にまとめてあります。

まずは「気づいて行動する」ことが大切です。まず必要なのは、それが求められていると いう気づきです。気づいて行動に反映することです。

ＨＲにおいてはこの気づきの教育を「ディベ

● 企業内教育のカテゴリー

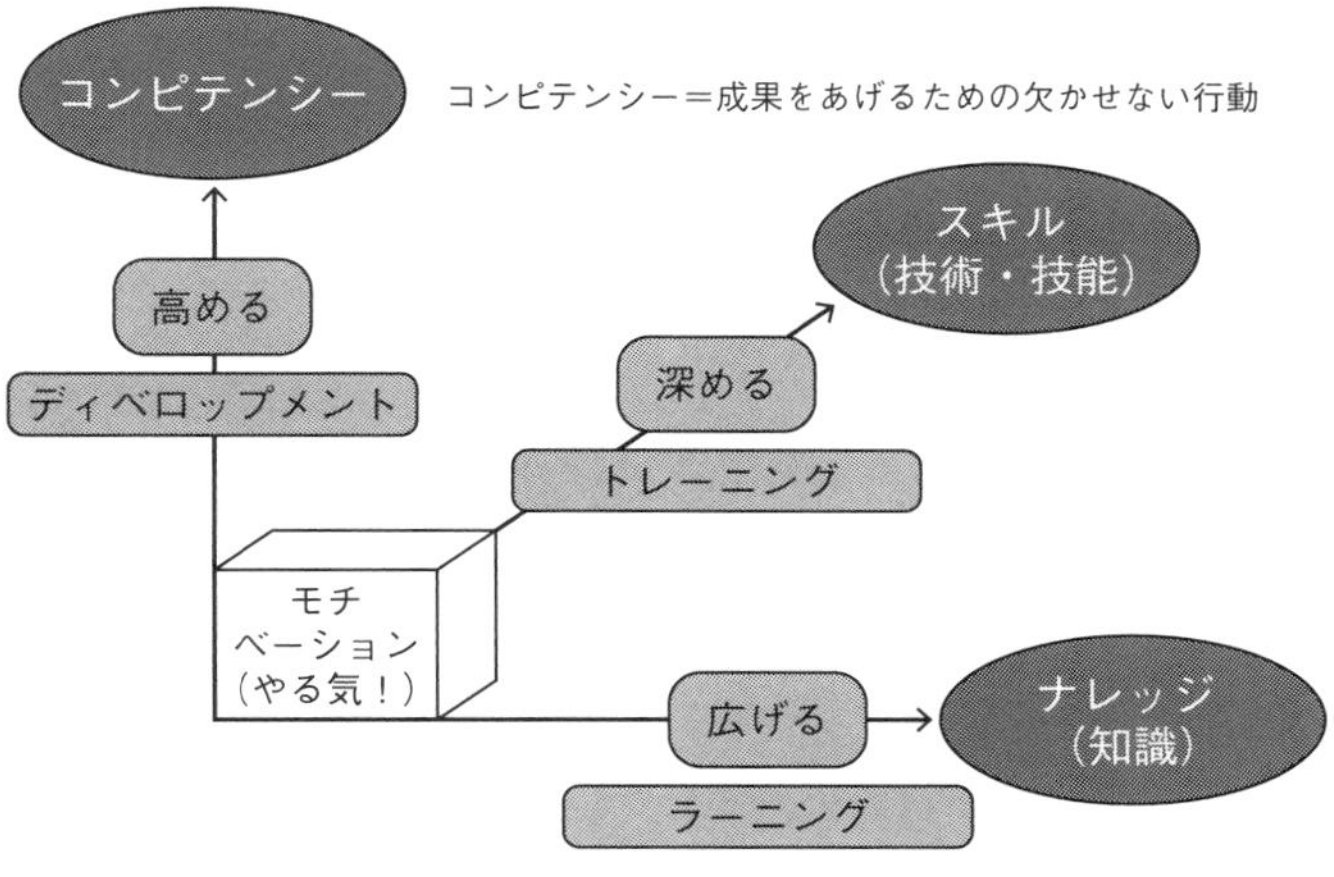

カテゴリ	コンピテンシー	定義
ヒューマンスキル	状況把握・自己客観視	自身と周囲の人々や物事との関係性およびその環境を的確に理解し、適切で必要な言動をとる。(空気を読む)
	チームワーク	チームメンバーと協調し、他者に積極的に協力する。チームの方針に沿った行動を行い、また自分が得た情報を適切にチームと共有する。
	共感力	他者の気持ちを気にかけている。相談を持ちかけられたら親身に乗り、相手の気持ちに共感を示す。違う立場や意見を持つ人を受容する。
	異文化コミュニケーション	文化や価値観の違う人とコミュニケーションし、理解し、共感する。また自身の価値観や文化についての理解を得る。
	傾聴力	相手の話をよく聞き、相手がわかってくれたと思うまで、理解する。理解を示し、相手の信頼を得る。
	説得力	傾聴と発信により、人の考えや態度を自分が意図した方向へ変える。交渉がうまく、双方のWin-Winを示し、合意形成する。
	プレゼンテーション	わかりやすく、はっきりと、要点を効果的に伝える。相手の人数に関わらず、プレゼンテーションツールや技法を用いて、聞き手の理解と共感を得ながら、伝えるべきことをすべて伝える。
	企画提案力	よりよくするための提案をする。その際に相手にわかりやすい企画にまとめる。プレゼンソフト、表計算ソフトにより、関係性を示す図解表現、わかりやすいグラフなどを織り込んだ企画書・提案書を作成し、説明する。
	伝達力	自分が伝えたいことを、要点をまとめて、わかりやすく伝える。口頭でも文書でも、相手を混乱させずに、しっかりと簡潔に伝える。
志向	クオリティ	仕事の品質にこだわり、チェックを怠らない。品質向上を常に意識し、ミスが起こらない仕組みを作る。
	カスタマー	顧客のニーズを理解し、常に顧客満足を得られるものを提供しようとする。フォローを適切に行い、満足度を向上させる。
	プロフィット	利益向上に関しての関心を持ち、現在どのような状況にあるのかを把握している。「儲け」に対しての意識が高く、どのようにしたら利益を生み出せるのか常に考え、取り組み、実績につなげる。
	スペシャリティ	業務に必要な専門知識や技術を有し、実際の業務においてそれを活かす。自らの専門性を常にブラッシュアップし、かつ専門外の人にわかりやすく伝える。他の専門性との連携も適切に行う。
姿勢	成長意欲・学習意欲	キャリア上の目標を持ち、そこに向かって自らの能力を伸ばそうとする。好奇心を持って能動的に学ぶ。継続的な勉強を怠らない。他者からのアドバイスを常に求める。成長意欲がある。
	柔軟な対応	環境変化、相手の要望の変化に適切にかつ前向きに対応する。臨機応変に立ち回る。
	主体的な行動	自分で考え率先して行動し、チームの動きを作る。チャンスがあればためらわずにやってみる。
	誠実な対応	誠実であり、信頼される。模範的な行動をとる。うそやごまかしがなく、謙虚である。感謝し、お礼を伝え、間違えがあれば素直に反省し、謝る。
	ルール遵守	ルール、約束、期限を守る。決まりごとを認識し、決められたことを着実に行い、他者にもそれを求める。引き受けた仕事は最後までやり抜く。
	マナー意識	清潔な身だしなみ、安心感を与える立ち居振る舞い、きちんとした言葉遣いなど、初対面の相手にも好感を得られるマナーを身につけている。
エネルギー	信念	自分が信じる確固たる意志を持ち、反対や批判があっても前進する。成功に向けて情熱的に周囲に働きかける。
	タフさ	仕事を続けるエネルギーがある。必要なら熱心に長時間持続的に働く。進んで仕事を引き受ける。厳しい状況でもへこたれない。
	ストレスコントロール	発表、プレゼンテーションなど、ストレスがかかる場面においても、冷静かつ適切な行動を取る。また、クレームや批判についてもパニックにならず適切に対応する。
	継続力	困難があったときでも、負けずに仕事に取り組み続ける。単調なことでもコツコツと努力を継続する。

● コンピテンシーのリスト
（西尾太『人事の超プロが明かす評価基準』三笠書房より）

カテゴリ	コンピテンシー	定義
リーダーシップ	理念浸透	会社の理念に共感しており、理念に基づいた言動を行う。その仕事が理念に則っているかを判断し、理念行動を促す。理念の実現に向けて、どんなときも理念に沿った言動をとる。
	ビジョン策定	中長期的な視野を持ち、多角的な視点を用いて、ビジョンを明示する。数年後のあるべき姿を描き、示す。
	戦略策定	ビジョンに向かう戦略を策定する。組織メンバーに方針を示し、組織の向かう方向を明らかにする。戦略の具体化をし、実行の責任を負う。
	変革力	これまでの慣習・前例にとらわれない新たな取り組みを行う。現状への危機意識を持ち、反対勢力に屈せずに、常に新しいことを常識にとらわれずに試行し、実績につなげる。
	創造的能力	未体験の問題解決に適した新たなアイデア（モノ、方法、仕組み、発明など）を生み出し、企業活動に価値あるものとして具現化する力がある。
	創造的態度（意欲）	創造的能力を発揮しうる源泉となる意欲や態度特性をもっている。広く興味を持ち好奇心を持って物事をとらえる。 他者が出した発想やアイデア・新しい取り組みに対して、前向きに、積極的に受け入れ、発展させようとする。
マネジメント	目標設定	達成基準が明確な目標を設定する。目標を正しく理解させるために周囲に働きかけ、組織目標を個人目標にブレイクダウンし、個々の目標設定を促す。
	計画立案	無理なく目標達成することができる、考え抜かれた現実的な計画を立案する。
	進捗管理	組織やプロジェクトの目標達成に向け、計画の進捗管理を行う。計画に設けられたベンチマーク時点での達成状況を確認する。 実行の優先順位をはっきりさせる。進捗に問題があるときは、計画修正を行い、達成に向けて管理する。
	目標達成	組織やプロジェクトの目標を達成する。達成にこだわり、あきらめず、最後の最後まで可能性を追求しあらゆる手段を尽くす。 何事も実行を重視し、投げ出したりせず、目標を追い続ける。目標達成にこだわるエネルギーを絶やさない。
	計数管理	計数に明るく、損益計算書（PL）や貸借対照表（BS）に関する知識を有する。財務的視点、計数的視点から物事を捉え分析する。自社、自部署の収益構造を理解しており、業績をあげるための適切な施策を実行する。
人材活用	組織運営	様々な組織階層や職種についての知見を持ち、それぞれを理解する。全ての人材について目を配り、成果を最大化する組織運営を行う。
	人材発掘・活用	社内の優れた人材を見出し、引き上げる。また社外の優秀な人材を引っ張る。組織全体の人材育成を働きかけ、将来性のある人材を育てる仕組みを構築する。
	業務委任	メンバーに仕事を任せ、成長の機会を与える。委任するメンバーと判断基準をあわせ、責任は引き受けながら、権限を委譲し、自身はより重要な職務に時間を割く。
	人材育成	メンバーそれぞれの能力向上を働きかける。個別の目標・課題設定を促し、評価し、よい点・改善点のフィードバックを行い、気づきを与え、成長させる。
	動機づけ	チームの目標達成のために,周囲に仕事の目的や意味を伝え、理解させ、熱意をもって動機づけする。チームの活性化を促進する。モチベーションの下がっているメンバーを適宜フォローする。
	人的ネットワーキング	社内外の人的ネットワークを構築し、活用する。企画を通すために根回しし、理解を得て、実現への組織合意を形成する。多面的な分野の人材とのネットワークを持ち、協力を得る。
意思決定	決断力	タイミングよく、必要な決断を下し、メンバーに明確に指示をする。他の選択肢を捨てることを厭わず、自らの決断に責任を取る覚悟ができている。
	解決案の提示	適切な状況判断を行い、解決のための複数の選択肢を案出する。それぞれの選択肢のメリット・デメリットを整理し、合理的な決断を促す。
	問題分析	問題を客観的・構造的かつ網羅的にとらえる。必要に応じて適切な分析ツールを用いながら、問題の本質を見抜く。
	情報収集	必要な情報を多方面から入手する。いろいろな人や多くの情報ソースからの情報を集め、客観的に事実をとらえる。
	改善	目標と現状の差異を確認し、問題を把握し、よりよい方法を常に工夫する。無駄を排除し、より効率的な仕事の進め方を考え実行する。

ロップメント教育」とも言います。

コンピテンシーは「汎用的」で、どこの会社や事業でも必要なものです。

コンピテンシーという概念は1990年代に米国からもたらされたものですが、成績優秀者の行動モデルを抽出して、他の社員がそれを行えば成果が上がるはず、として導入が試みられました。「能力」があっても「行動」しなければ評価をしない、という点においては合理的です。現在私たちがお手伝いする人事制度の改定をする企業の多くが、「行動＋成果」によって評価と基本給・賞与を決定する仕組みにしています。

私は『人事の超プロが明かす評価基準』（三笠書房）で「コンピテンシーモデル」を紹介しました。例えば、「明確な目標を立て」「目標達成のためのリスクまでも想定した計画を立て」「計画通りに進捗しているかを管理し、必要に応じて計画修正を行う」ことにより、目標は達成します。それができるようにしていくことによって、「どこにでも行ける人材」を作っていくことができます。

スキルは、「繰り返して練習することにより身につくもの」です。ロールプレイングなどによる営業教育や、練習が必要なＰＣスキルなど、会社や職種によって求められるスキルは様々です。

ナレッジ（知識）は、「勉強して身につけるもの」です。座学やｅラーニングや読書などによって身につきます。ビジネスパーソンとして知っておかなければならない知識と、会社・職種によって身につけるべき知識などがあります。

下の図は、私が主宰している「人事の学校」で必ず伝えている、ＨＲとして知っておくべき「成果に至るプロセス」です。

一番下は、「能力」とも言われます。ここに

● 成果に至るプロセス

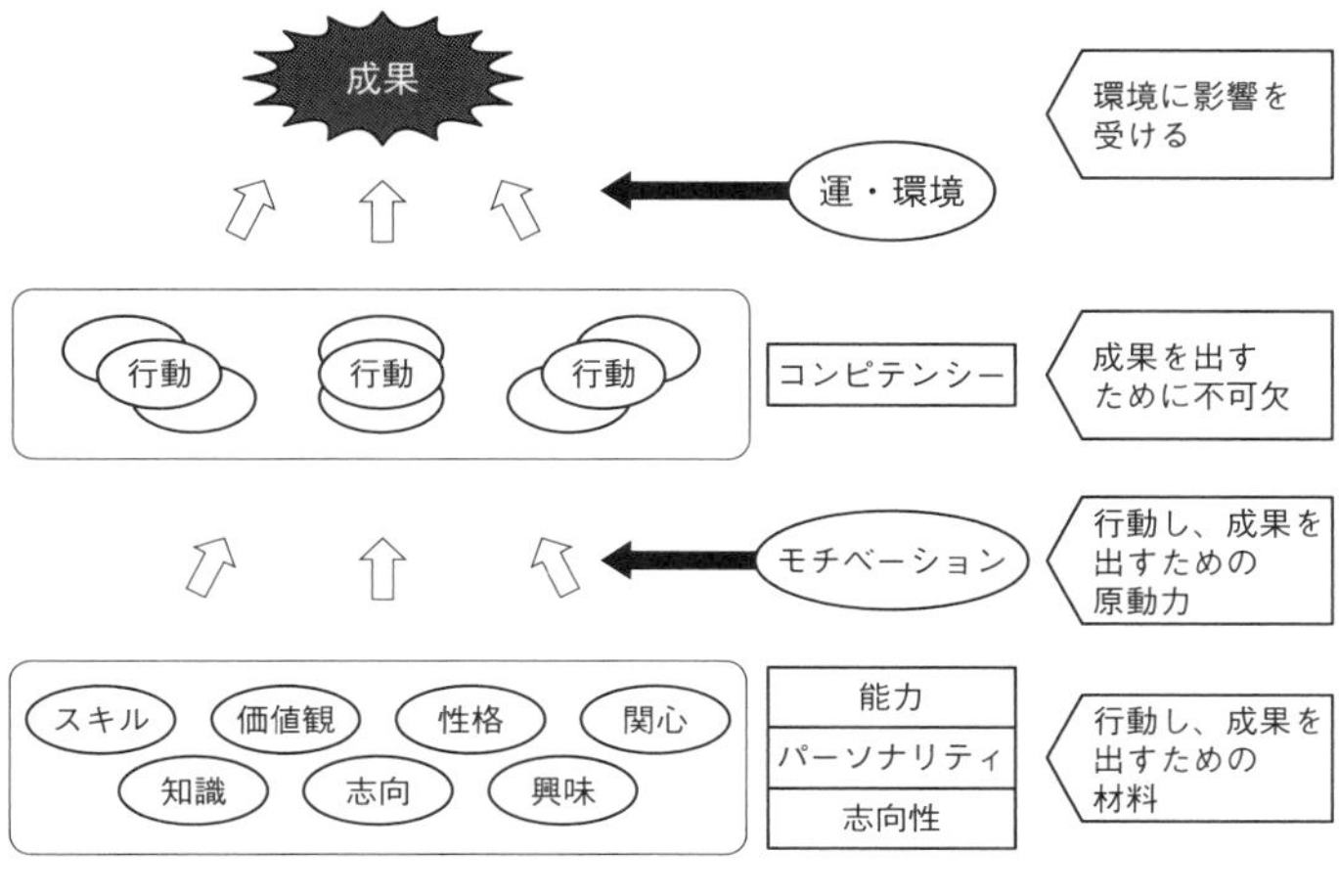

スキル・ナレッジがあります。人の内面にあるものです。内面には、その他にパーソナリティや志向性、好き嫌いなどがあります。

スキル・ナレッジがある人が、「やるぞ」とモチベーションを持てば、それは「行動」に表れます。この行動がコンピテンシーです。行動した結果、企業が求める「成果」が生まれます。ただし、成果と行動の間には「運」「環境」があります。

企業内、部門内に求められるスキル・ナレッジを身につけさせることは大切ですが、それを成果につなげるためには、行動（コンピテンシー）が欠かせません。この構造を想定した人材育成が必要なのです。

T型は、ある分野における一定の深みがあるスキル・ナレッジを必要とします。それが身につくまで1万時間とすると、その時間を仕事上経験させなければなりません。そして、成果に結びつけさせるための「コンピテンシー」の発揮が求められます。

古くて新しい目標管理制度の徹底を

「Ｔ型」「Π型」の超ジョブ型プロフェッショナルを育てるには、目標管理が欠かせません。

目標管理制度（ＭＢＯ＝Management by Objectives and Self Control）は、Ｐ・Ｆ・ドラッカーが１９５４年に提唱しました。ドラッカーは、肉体労働から知的労働が主流になっていく時代の変化を読み、その際のマネジメント手法として適した形が目標管理だったと言えます。

今また「労働」というものが変わっていこうとしています。指示命令に基づく「雇用契約」から、様々な契約形態に変わっていく、また様々な働き方に変わっていく時代です。

そのための合理的なマネジメント手法は、前世紀の半ばに提唱された目標管理という手法だと私は考えます。さすがドラッカーさん。やはり将来を予見していたのでしょう。

会社の目標→組織の目標→チームの目標→個人の目標をブレイクダウン、あるいは相互にすり合わせて、「何をどこまで実現するのかという目標」を明らかにする。その目標に向かってのプロセスは、個々人に任せていく。そのようなマネジメント手法こそが、テレワークをはじめとするこれからの働き方にマッチしたものになります。

逆に言えば、「これさえきちんとやっておけば、成果も出るし、マネジメントもできるし、個人も成長する」という一石二鳥とも三鳥とも言えるものなのです。

OKRも一つの方法

「OKR」という手法を用いる企業も増えてきています。

OKRは、「Objectives and Key Results」の略ですが、組織が掲げる目標（ゴール）を目指すために、達成目標（Objectives）と主要な成果指標（Key Results）をリンクさせ、組織・個人の方向性と主要なタスクを明確にする目標管理方法の一つです。

グーグルやフェイスブックなどの企業が導入していることで近年注目を集めている手法です。

MBOとOKR

	MBO	OKR
正式名称	Management by Objectives and Self Control	Objectives and Key Results
提唱者	ピーター・F・ドラッカー（経済学者）	アンドリュー・S・グローブ（元インテルCEO）
生まれた時期	1950年代	1990年代
紹介された書籍	『現代の経営』（1954年）	『インテル経営の秘密』（1996年）
目的	目標と自己統制によるマネジメント ①組織目標と個人の役割・目標を明確にすること ②社員それぞれの自主性を引き出すこと ③社員一人ひとりの組織への貢献度を評価し、処遇に反映すること	野心的な目標を全社員に共有・展開し、 達成に向けて活動をフォーカスすること
目標の範囲	個々人の主な業務	重要なテーマに大胆にフォーカス
設定する目標数	特に制限なし （運用上は５つ程度が適切とされる）	Objective １つに、Key Result ３つ
マネジメント期間	年度単位または半期単位	４半期単位
共有範囲	（多くの場合）上司と部下 組織全体としての取り組みもあり	組織全体
求められる達成度	100%	60 ～ 70%程度
コミュニケーション	期初、中間、期末	週１回～月２回程度
人事評価への活用	原則反映	参考情報として活用

ＭＢＯとＯＫＲを併用している会社もあります。いずれにしても、明確な目標を個々人が掲げ、その達成へのプロセスは任せていく、マネージャーはその達成を支援する、というサイクルをしっかり回すことが、大切になっています。

導入や運用には手間も時間もかかりますが、業績向上に貢献する重要な施策として、しっかりと取り組んでいただきたいものです。もちろん、すべての雇用形態、すべての契約形態で実施することは可能です。

仕事には必ず目標があります。「管理部門だから目標が設定しにくい」などという消極的な意見は無視して、目標管理の徹底を進めていくべきでしょう。

超ジョブ型プロフェッショナルが働きやすい環境を作る

企業が成長していくためには、社内で超ジョブ型プロフェッショナルを育成することに加えて、社外に同様の人材を求めることも欠かせません。次章で説明しますが、ビジネスモデルを進化させる過程や事業の再構築を進める過程では、従来社内になかったスキルを持つ人材などを取り込み、活かしていくことが必要です。

ということは、社外から加わる人材も含めて、超ジョブ型プロフェッショナルが働きやすい環境を作っていくことが欠かせません。ここまでの内容も踏まえつつ、以下にそのポイントをまとめました。

①あらゆる契約形態を視野に入れる

「正社員至上主義」の時代は終わりました。テレワークの進展、DX、「ジョブ型的雇用」などを視野に入れれば、何も「正社員」である必要はありません。

そもそも「正社員とは何か」を問い、明確にしていかなければならないでしょう。例えば、「正社員」とは「無期雇用のフルタイム勤務の社員」ではなく、「会社の事業を変革し創造していく、長期育成を想定した人材である」と言うこともできます。

有期契約社員、アルバイト、パートは「働き方のスタイルの違い」です。「理念の実現のためにそれぞれの働き方で価値をもたらす人材」と定義してもいいでしょう。

そして、そもそもなぜ「雇用契約なのか」も問わなければなりません。「人事権」「指揮命令権」などを行使する必要があるのならば「雇用契約」、そうでないのならば請負や委任・準委任契約も視野に入れていいでしょう。

社員の個人事業主化もその一つの流れです。「働き方」はそのスタイルの違いであることを認め、契約形態にかかわらず、理念実現のために集まっている人たちとして同様の人事施策を展開することを想定します。

ＳＯＧＩも国籍も関係ありません。その環境を作り続けることはＨＲの仕事です。

②ＨＲからＷＲへ

少子高齢化などによる人手不足は今後も想定されます。日本人のみならず外国人の活用もより強く視野に入れます。そして、「労働力」としては「ヒト以外」も想定します。ＡＩ・ＲＰＡ・ＦＡなどの活用です。ＨＲ（ヒューマンリソース）マネジメントから、あらゆる「労働力」を活用していくＷＲ（ワークリソース）マネジメントを目指していく必要があるでしょう。ＨＲ担当者は、ＣＩＯ・ＣＴＯなど技術系の人たちと強固に連携して、会社全体としてのＷＲを最適化することが求められます。

③ミッションを明確にして「成果」とそこに至る「プロセス」を明らかにする

すべての働く人たちの「ミッション」をまず明確にします。それなくしてテレワークは成り立ちません。ジョブ型でもメンバーシップ型でも同様です。働く人それぞれの「ミッション」を「○○をより○○するミッション」として明確にしましょう。

「働く考え方改革」もそれぞれの「ミッション」が明確にあるからこそ成り立ちます。「誰に価値を提供するのか」「それをどのようにしてよりよくするのか」をそれぞれに考えてもらい、またHRはそのサポートを行い、明らかにしましょう。それがウキウキするものであれば、働くことに意義が感じられます。

その上で、そのミッションを果たすために、具体的な目標と達成基準を明確にします。それが明確になれば、あとは、定期的な進捗の管理を自身が行い、そのサポートを上司・仲間が行っていけば、テレワークも十分に成り立ちます。

組織・チーム内の役割もミッションや目標の中に入れておけば、なおよいでしょう。これは、十分に時間をかけて、うんうん唸りながらでも行うべきことです。それだけ意義があることなのです。

④「成果」と「行動」を評価する

ミッションと目標を明確にしたならば、その目標の達成度（成果）により、評価をします。「がんばって成果を上げた分報われた」と思ってもらうことはとても大切なことです。最も避けるべきは、「やってもやらなくても同じ」と思われることです。

そして「行動」も評価対象とします。

「テレワークで行動が見えない」ということはありません。求められる行動をしているかどうかについては、問いかければわかります。

例えば私たちの「コンピテンシーモデル」の一つに「動機づけ」という「周囲の人たちを活性化させる行動」のモデルがあります。この動機づけについては、次のようにコミュニケーションすれば、実際にどのような行動を行っているか、テレワークでもわかります。

□　最近元気のないメンバーはいる？　どうやって働きかけていこうか。
□　仕事の目的って、みんな意識しているかな？
□　チームのメンバーをもっと元気にするために、何かできることはないだろうか。
□　ミーティングがもっと活発になる方法はないか、考えてくれない？
□　最近、誰かを励ましたり、励まされたりしたことある？

成果だけでなく、行動は成長のために必要です。成果は賞与に結びつけ、行動で基本給を決める、というのが合理的だと考えます。どのような「型」の人事制度であっても、

「成果」と「行動」による評価には、普遍性と汎用性があるのです。

もちろん、どの雇用形態・契約形態の人たちであっても、同じように評価をすることが、これから求められるでしょう。

⑤年功序列はやめる

いま人事制度改定のオーダーをいただく企業には、「第1次人事革命」の時代のままの企業も多くあります。時代の変化に惑わされず、安定的な業績を続けてきた企業です。

しかしながら、「年功序列」「終身雇用」は、少しずつ企業の業績や活力に負の影響を与えつつあります。それに気づいた企業から、「今の時代に合った制度にしたい」というご要望をいただきます。

日本人の平均年齢は2020年現在、48歳ぐらいと言われています。すでに年功序列は無理なのです。

日本生産性本部によれば、日本の時間当たり生産性はOECD加盟国37か国中21位にまで下がっています。主要先進国7か国では、最下位の状況が続いています。

変革が求められています。今こそ、「昭和」に決着をつけ、「平成」を振り返り、前に進まなければなりません。

年功序列については、現在、あらゆる場面において「弊害」が指摘されています。グローバル化、外国人の活用、テレワーク、ＤＸ、ＳＯＧＩ、同一労働同一賃金などのキーワードとも相容れません。

もちろんメリットもあるでしょう。「長く働くことにより、経験を積み、技術・技能が高まり、高い価値を出せる」ということもあると考えます。それならばそれで処遇すればいいのです。経験があるほうが価値を出せるということには一定の相関がありそうですから、「年功」で評価するのではなく、出している「価値」により評価すればいいだけの話です。

給与も、年功払い（過去の功績により現在の給与を決める）から、時価払い（現在の創出価値で現在の給与を決める）としていくべきでしょう。

ここが最も日本のＨＲが遅れてしまったところです。痛みがあるかもしれません。しかしその痛みを先延ばしにしても、いいことはありません。そして「年功がある人」が高い価値を創出してもらえるようになれば、みんながハッピーなのです。

「そんなに簡単じゃない」という声が聞こえてきそうですが、それに向き合い、改善し、その結果、若年層のモチベーションは高まり、中高年でも生き生きと働いている（すべての人ではありませんが）会社を私は何社もお手伝いしてきました。

年功序列、やめましょう。

⑥中高年を諦めない

年功序列はやめましょうと申し上げましたが、だからといって中高年を切りましょうと言っているのではありません。日本人の平均年齢は50歳近くまで上がっています。そんな中、中高年を諦めてしまっては、日本は立ち行きません。

彼らに求めることを明らかにし、年齢に関係なく、遠慮せずフィードバックしましょう。それで気づいて変わる人はたくさんいます。気づいていないだけかもしれないのです。

若い人に比べれば簡単ではないでしょう。しかし、腫れ物にさわるように接することのほうがよほど残酷なことです。辛抱強く伝えるべきことは伝え、それでも変わらなければ、そこで初めて別の道を勧める、ということになるかと思います。

中高年自身についても、ただ定年まで待つのではなく、その後の人生が長いことを自覚して、これまでの自身の経験を基にそれをブラッシュアップするなり、別の新しいことにチャレンジするなり、そういうキャリア設計を改めて考えるべきです。

そこにしっかりメスを入れていくことが求められます。

⑦現場のマネージャーを強くする

ＨＲの強化は人事部だけでできることではありません。現場の理解と共感が必要であり、そのためには、ある種マネジメントのスペシャリストとしてのマネージャー、管理職が欠かせません。ここの意識が変わらなければ会社は変わらず、そして優秀な人材から離れていってしまいます。

マネージャーの任免は、厳正に行わなければなりません。「長くがんばってきたから課長にしようかね」では困ります。マネジメントができないマネージャーは、組織にも人にも大きな悪影響を及ぼします。

任免には複合的な視点によるアセスメント（任免審査）などを行うなど、マネージャーの強化は大切です。ＨＲを理解して協力してくれる現場のマネージャーを、より意識して作っていかなければなりません。

⑧新卒採用はコア人材育成を想定する

新卒採用は再考しましょう。何のための新卒採用なのか。慣習に従っているだけならば見直すべきです。

しかし、長期育成が必要で、様々な経験を積ませる必要があるのであれば、新卒が有意です。会社のコア人材の確保と育成のためには、続けてもいいでしょう。要は目的を明らかにすることです。

そしてキャリアプランを明らかにすること、長期的な人材育成プランを作っていくこと、そして目の前の仕事にのみ埋没させず、3年程度ごとに異動させる力（人事権）をHRが握ることも必要でしょう。

優秀な若手は現場が離したがりません。それをそのまま放置すれば、成長が停滞するといった場合も多々あります。他で通用しない人材になってしまう恐れがあるのです。

経営陣と握ってHRが強権を持つべき部分の一つです。

⑨自律型キャリアプランを推奨する

コア人材として育成していく、ゆくゆくは幹部社員にしていく、経営陣を目指させる、というキャリアプランもあれば、専門性を磨かせて、その分野での「ひとかどの人」にするというのもありでしょう。また、将来的に個人事業主になる、独立・起業をする、その会社でキャリアを積めなければ転職をするなど、キャリアの道は社内外で様々です。

自社内だけでキャリアプランを描く時代でもありません。副業を禁止すると優秀な人が来なくなるとも言います。選択肢を用意しましょう。

キャリアプランの多彩さ、選択肢の多くが、優秀な人材を惹きつけていきます。これまでの常識にとらわれず、様々な可能性を探っていくのもＨＲの重要な職務です。

⑩目指すは、「自分の給与は自分で決める」仕組み

私が独立した時、決めなければいけないことの一つは「自分の給与（実際には報酬といいます）をいくらにするか」ということでした。私は会社勤めを20年間行ってきましたので、「自分の給与を自分で決める」というのは初めてで、とても新鮮だったことを覚えています。

自分の給与額は、売上の見込み、経費の見込み、そこからの利益の見込み、税金のことなどを踏まえて決めました。毎年自社の状況を見ながら決めています。

フリーランスならば、自分の報酬は自分で決めています。請ける仕事でいくら見積りを出すのかを、市場価格をにらみながら決めています。「高すぎれば受注できず」「安すぎれば忙しいだけで利益にならない、生活がままならない」といったことになります。

これらはフリーランス、自営業者、経営者ならば当たり前のことです。自身で稼いでいるので、その報酬額に不満を言う人はいません。自分で決めたのですから（「高すぎたー」「安すぎたー」という反省はいつもしていますが）。

ではなぜ、会社勤めのサラリーマンは、自分の給与を自分で決められないのでしょう。なぜ会社が決めるのでしょう。ここに大きな問題があるのではないでしょうか。

他者があなたの給与を決めるから不満になるのではないですか？　あるいは「もらい過ぎ」への恐怖感も起こるのではないですか？「転職したら今の給与は維持できない」という不安ほどつらいものはないと思います。

ここで一つの提案をしたいのです。

社員それぞれが、自分の給与を自分で決められたら、みんなモチベーション高く、また責任感強く、働けるのではないでしょうか。

とはいえ、ある有名な、先進的な会社の人事のマネージャーさんに、「御社ならできるんじゃないですか？」と伺ったところ、「まだまだうちの会社では無理ですねえ」という答えが返ってきてしまいました。

また、あるコンサルタントに投げかけたところ、「もし、『私の年収は５５０万円でお願いします』と自ら査定できる人がいたとしたら、その人はもはや年収５５０万円ではないですね」という答えが返ってきました。

そうかもしれません。そんなことを考えていたら、日本経済新聞（２０２０年10月28日）に「丸紅、等級・職務 社員が決める」という記事が載りました。

「丸紅が社員にミッションを課す人事制度改革に踏み切る。高い目標を掲げ挑戦する人材を年次にかかわらず処遇。失敗しても再挑戦できる仕組みを設けるなど、社員の自主性を引き出す試みだ。（中略）

丸紅が労組と協議中の人事制度改革。その目玉が「ミッション設定」だ。総合職約３４

00人のうち、管理職以上の2200人が部下と平均2カ月程度かけ「ミッションの難易度」「裁量の大きさ」「戦略上の重要性」の3つの観点から職務内容を詰めていく。そのミッション設定に応じて7つの「等級」が決まり基本給も変わる。期末にミッションを上回る成果が出れば、その分はボーナスに反映される。（中略）仮に「未達」となっても基本給は保証する」

「自らの給与を社員自らが決める」という会社が出てきているではないですか！　ジョブ型、テレワーク、成果主義、副業、社員の独立事業主化などのHRの流れを見ていくと、雇用契約なのかそうでないのかは関係なく、この流れは必然のように思えてくるのです。

フリーランスは次のようにします。会社員でも同じでいいのではないでしょうか。

「契約内容を明らかにする（自らの期待される成果を明らかにする）」
「契約履行のための報酬を申告する（自らの給与は自ら申告する）」
「それをクライアント（会社）とすり合わせる」

「報酬額（給与額）を決める」
「一定期間後に成果やクライアント（会社）の満足度を勘案して、次の報酬（給与）を申告してすり合わせる」
「新しい報酬額（給与額）を決める」
もし額が折り合わなかったら、「別のクライアントを探す（転職）」

勤めている会社が「クライアント」だとしていただければ、そんなに難しい話ではないように思われませんか？

他者が決めて一方的に「いくらね」と言われるから不満が出るのです。自ら決めて交渉する、ということになれば、もっと自由になれませんか？　その結果、自身の価値を客観的に確認することができますし、収入を上げたいのか、自由に使える時間を増やしたいのか、などキャリアスタイルとライフスタイルを自ら考えていくことができるようになるのではないでしょうか。

もちろん、自らの給与・年収を査定する指標は必要でしょう。人材紹介会社にお願いするのもありでしょう。また、ジョブ型が進むとしたら、そのジョブディスクリプションとそのポジションの年収が出るはずですから、それを指標にするのもいいでしょう。

私たちは、「ジョブサイズ」という概念を用い、年収を査定できる指標を作りました。「理念浸透」「影響を与える組織人数」「戦略・戦術想定時間」「ビジョン・戦略策定」「事業創造・変革の大きさ」「目標難易度」……などの指標でポイント化し、おおよその年収を導き出します。このような指標を用いるのもいいでしょう（拙著『人事の超プロが本音で明かすアフターコロナの年収基準』アルファポリス刊に詳しく書いてあります）。

いずれにしても、明確な基準、それに基づく給与額、そして評価というサイクルの確立が求められています。

超ジョブ型プロフェッショナル採用のチェックリスト

次の表は、超ジョブ型プロフェッショナル採用時のチェックポイントをまとめたもので

●「超ジョブ型プロフェッショナル」の採用基準チェックリスト

	求めるべき要件		NG	
理念共感	□ビジョン・ミッション・バリューに共感し、ビジョン実現のために、自らがどのような価値を創出するかを語れる		理念には共感するが、そこでどのような価値を自ら創出するかについては曖昧な場合がある	
	□ただし、「骨を埋める」という価値観ではなく、一定期間で、その会社で価値を創出することを重視する		漠然と「長く働く」ということに価値を置く	
就業観	□ワークライフブレンド		ワークライフバランス	
働く目的	□価値を創出し・提供するため		生活・プライベートのため	
働くことは	□楽しい		つらい	
仕事を	□仕事を作る		仕事を待つ	
志向性	□コア志向	□スペシャリスト志向	マネージャー志向	オペレーター志向
何屋か？	□明確に「自分が〇〇屋」と言える		漠然としている	
スペシャリティ	□一定領域での専門性を有している		高い専門性はない	
望む契約形態	□こだわらない		正社員志向	
勤続意向	□3年~5年程度 □その間に何を成し遂げるかを語れる		漠然とした長期志向	
パーソナリティ	□主体的に自ら考えて動く		指示を待つ	
	□革新性・決断性		伝統・既成概念を大切にする	
	□アイデアがどんどん出てくる		アイデアが出てこない	
	□明るく、信頼感が持てる		特徴が見えない	
	□自己を客観視できる		自己客観視が見えない	
リーダーシップ	□周囲を巻き込んで成果を上げた経験を持つ		自ら周囲を巻き込んだ有効な経験が見えない	
マネジメント	□目標設定・計画立案・進捗管理を行い、成果を上げる自身なりのフォーマットを持つ		目標・計画などが曖昧である。 目標達成への信頼性が見えない	
副業	□キャリア副業が可能である		収入補填が目的となる	
独立・起業	□独立・起業の志向がある		志向がない	
	□いつでもできる			
人的ネットワーク	□多岐にわたる		限られる	
お金への考え方	□後からついてくる		年収を上げることが目的	
	□自身の仕事の価値を客観的に理解している		自身の年収等を自ら値踏みできない	
	□面白い仕事ならこだわらない		お金が目的	

す。

その冒頭には「理念共感」という項目を載せています。会社が目指す方向性や価値観を理解し、仮に一定期間であったとしても、同じものを目指してもらう必要があります。会社のミッションがどのようなもので、何を目指し、どのような価値観で仕事をしているのか、ということを理解してもらえるかどうかは最も重要なチェックポイントです。

プロフェッショナルであれば、自らの考えや価値観を持ちながらも、価値を提供する相手の価値観も理解します。その上で、自身がどのような価値を提供していくのかを自ら考えることができます。

私の会社にもパートナーコンサルタントとして超ジョブ型プロフェッショナルと呼べる人材がいます。雇用契約ではありません。それでも彼らは、当社の理念や目指すものについては十分に理解して、それを実現していくために、一緒に考え、動いてくれます。

「何のために働くのか」「働くとは本人にとってどのようなものなのか」「どのような価値を出そうとしているのか」について確認する必要もあります。超ジョブ型プロフェッショナルにとって、働くことは自然なことであり、価値を創出して対価を得る、というのは当たり前のことです。働くことで「得る」ことよりも「提供する」「与える」ことに重点を置きます。それができれば「得る」ことは後からついてくることを知っているからです。

彼らにとって、やりたいことができるのならば、正社員でも業務委託でも、独立・起業でもよいのです。形にはこだわりません。タイミングが合えば、独立も起業もします。すでにしているかもしれません。

採用基準チェックリストを基に、面接を進めてください。そして「何を提供してくれるのか」「提供したいと思っているのか」「どのようなことを成し遂げられるのか」「一緒に仕事をすることで、よりどのような高い価値を作れるのか」を語り合ってください。

これまでの実績についても、どのように自らが動いてその実績につながったのかを、できるだけ具体的に引き出してください。プロフェッショナルなら臨場感を持って語れるはずです。そしてコメントは具体的です。抽象論や理想論に終始する人には要注意です。

プロフェッショナルなら、失敗したことも、明るく、自らの責任として語ることができます。素直な反省がそこにあるはずです。

その上で、彼らが望む働き方を確認し、より高い価値を創出できる方法を共に考えてください。

HR基礎解説

給与とモチベーションは比例しない

バブル後の成果主義の導入において失敗したことの一つは、「モチベーションは給与で買える」と多くの経営者やＨＲ関係者が思ってしまったことです。「成果で年収は数百万円変わるんですよ」と大手企業のＨＲ責任者が誇らしげに語っていたことを思い出します。

しかし、うまくいきませんでした。「給与をたくさんもらえる」ということは一時的なモチベーションになりますが、長続きしません。さらに給与の大幅な変動は、成果主義の弊害と共に、悪い影響を及ぼしました。

給与水準とモチベーションは比例しません。

ハーズバーグの二要因理論

米国の臨床心理学者フレデリック・ハーズバーグが提唱した二要因理論は有名ですね。「給与」は衛生要因であり、「それがないと、やる気を失う」要因とされています。逆に「それがモリモリあっても、やる気が増えるわけではない」とハーズバーグは言っています。

しかしハーズバーグが１９５０年代から唱えていたにもかかわらず、バブル時期とバブル崩壊後それぞれにおいて、「お金で人を動機づけしよう」という動きが活発にありました。「成果によって同じ課長でも年収が数百万違います」というのもこれでしょう。

給与が倍になれば、モチベーションは倍になるでしょうか。

なりません。

● フレデリック・ハーズバーグの二要因理論

職務満足度事象	職務不満足度事象
動機付け要因	衛生要因
達成すること	経営方針・管理体制
承認されること（顧客・組織内）	上司との関係
仕事そのもの	給与
責任（任されること）	同僚との人間関係
昇進・成長	作業条件（労働環境・時間）
「やる気」になる要因	「やる気」をなくす要因

私の経験からですが、給与とモチベーションの関係は、下の図のようになっていると考えます。

給与が上がった時には、モチベーションが上がりますが、すぐに元に戻ります。

決して給与の額と同様に上がり続けることはありません。

また、給与が上がっても、モチベーションが下がることもあります。期待したほど昇給しなかった時、給与が上がっているにもかかわらず、モチベーションが下がっています。

また、給与は相対的なもので、年収の絶対額よりも、「なぜ私はあの人より、月給が500円安いんですか?」「あの人は5000円昇給したのに、なぜ私は4000円なんですか」といったことでモチベーションは下がってしまいます。

ハーズバーグが「衛生要因」と言った理由はこういうところにあります。

● 給与とモチベーション

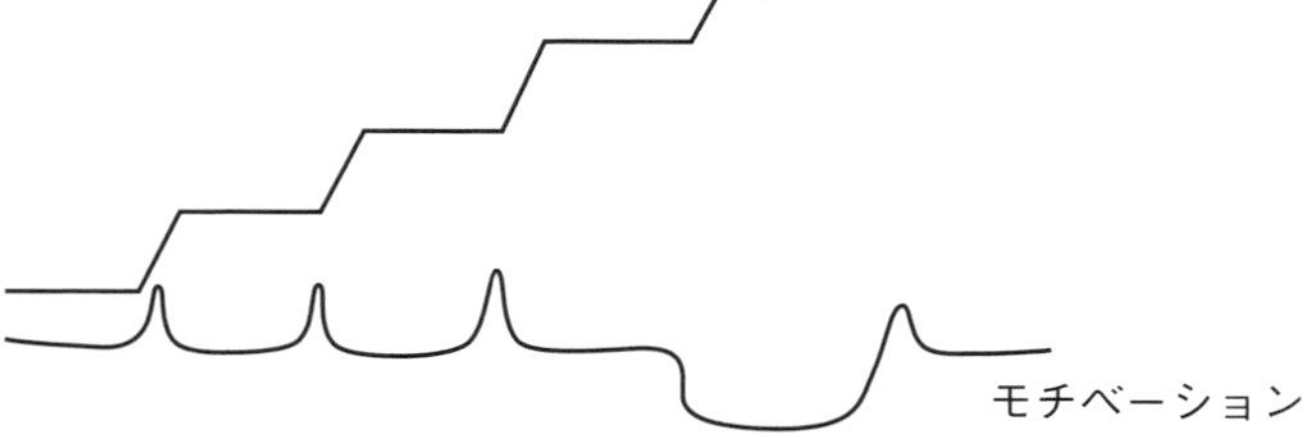

ある会社の社長が、ある年に、会社の業績が良かったので、社員に喜んでもらおうと思い、決算賞与を支給しました。50万円としましょう。社員は大喜びです。社長にメールでお礼を言ってきたり、廊下やエレベーターで社長に会ったりした時には、「社長！ありがとうございました」と喜びの声を寄せます。社長は決算賞与を「出してよかった」と思ったそうです。

そして翌年もほぼ同額の50万円を支給しました。ところが今度は社員の反応が芳しくありません。お礼を言ってくる社員はほとんどいません。

さらにその翌年も50万円を支給しました。あろうことか社員が「また50万円かよ」と、文句を言っているという話が伝わってきました。

そういうものです。同じ50万円でも、モチベーションを逆に下げるかもしれないのです。

手当も同様です。ある社長は、「家族手当」を新設しました。「家族が増えるのは喜ばしい」ということで、子供１人当たり５０００円を支給しました。最初は社員は喜びました。しかし、そのうち「５０００円じゃせいぜいおむつ代にしかならないよね」と言われてしまいます。そうなるとこの５０００円は何なのでしょう。１万円に増額してもきっと同じようなことを言われます。ある会社は、家族手当を廃止するのに10年かけています。即座に廃止すると「不利益変更だ」と言われてしまいます。「いやいやその前に利益があったでしょ」というのは通用しません。

手当は慎重に考えてください。

月例給と賞与は性格が違う

ここで、「月例給」と「賞与」で分けて考えてみます。

「月例給」が1000円下がること、これは社員にとっての心理的ダメージはとても大きなものになります。「家族にどう説明しよう……」という声も聞こえてきます。

恐らく本人のモチベーションも大きく下がるでしょう。月額1000円、年間1万2000円の減額によって、その10倍分以上くらいのモチベーションダウンを引き起こすかもしれません。

私は、「月例給を下げてはいけない」とは言いません。評価が芳しくない場合、「下げる仕組み」がなければ、「上げるべき人」を上げられなくなってしまいます。下げる仕組みは必要なのです。適切な評価に基づいて下げるのであれば致し方ないとは思います。しかし、むやみやたらと下げるべきではない、と言っているのです。

また、「基本給バンド制」などのように、半ば「下がることが恒常的に起こる」ような仕組みについても推奨できません。

逆に昨今の定期昇給率は２％前後ですから、月額25万円で５０００円程度の昇給額になります。月５０００円、年間６万円で、「それなりのモチベーションが買えるなら安いものだ」ぐらいに考えるべきです（しかし前述したように５０００円分、常時モチベーションが高まっているわけではありません）。

月例給、基本給は、少しずつ上げていくのが得策なのです。

そして、何年かに１回、昇格（等級が上がること）によってポンと大きく上がる、というのもモチベーションの向上のためには有効でしょう（それでも元に戻ると思いますが）。

一方、一時的に支給される「賞与」は、昨年50万円だったものが、今年は30万円だった、というのは、残念ではありますが、社員としては心理的に受け入れやすいもののようです。「業績悪かったしな」「成果が上がらなかったしな」ということで、「またがんばろう」になるかもしれません。20万円下がっていても、月例給の年間マイナス１万２０００

円よりも、心理的ダメージが小さいのです。

このような、「給与」というものに対する心理的な問題をしっかりと認識して施策に反映しなければなりません。給与を上げる、手当をつけることは簡単なことですが、いつまでも上げ続けるわけにはいきません。どこかで限界が来ます。

お金をうまく使う、ということが求められています。

HR基礎解説

モチベーションの型

モチベーションというものについて理解しておきましょう。併せて社員にも伝えましょう。

モチベーションには、大きく分けて「生活型」「組織・職場型」「仕事型」があると言われています。

「生活型」は、仕事の外側にモチベーションを感じています。

家族のため、自分のためなどの経済的な理由でお金を稼ぎたい、旅行に行くなどの趣味のために働いている、家やクルマを買いたい、あるいはローンのため、などです。

このタイプには、休日数、福利厚生の充実などの施策が有効です。「ワークライフバランス型」と言えます。思えば、バブルの頃の採用熱では、休日数の多さや、福利厚生の充実を謳う企業が多くありました。いまでもそうですね。しかし、ここを充実させすぎてよいのでしょうか。

「組織・職場型」は「会社大好き」「仲間大好き」というところにモチベーションがあります。かつては「愛社精神」という言葉が言われていましたが、バブル後のリストラなどで失われていきました。「会社を信じていたのに裏切られた」というやつです。このタイプには、「職場対抗運動会（なくなりましたねえ）」「社内旅行（行きたがる人、極めて少ないですね）」「社内サークル」などの充実が上げられます。「サンクスカード」など、仲間への感謝を表す施策もよいでしょう。また理念浸透策も有効な施策になります。

「仕事型」は、仕事そのものにやりがいを感じています。自らの仕事のプロセスと結果に充実感を感じる、価値を提供した相手からのフィードバック、例えばお客様に「ありがとう」と言ってもらうこと、などを意気に感じて仕事をします。

このタイプに対しては、「仕事を任せる」ことが有効です。「信頼して裁量を与えること」です。リッツ・カールトンが、社員に1日2000ドルの決裁権を委譲しているというのは有名な話です。顧客のために自身の裁量で2000ドル、上司に許可や稟議申請をすることなく使えるようにしています。「任せる」ことによりやりがいを持ってもらう施策です。

すべてのモチベーションの源泉が満たされるに越したことはありませんが、「仕事型」が充実していると、他は気にならないとも言われています。仕事が楽しいのですから。「任せてもらえない」「信じられていない」ということから「仕事型」が得られないとしたら、ならば「会社は安定している」「仲間が好き」ということで「組織・職場型」があれば、モチベーションを維持できます。

しかし、それもないと「だったらお金下さいよ」となり、「生活型」のみになった場合、モチベーションを高く維持することは難しいと思います。

「仕事型」の充実を施策に盛り込む

ＨＲは、どのモチベーションのタイプに対してどのような施策を組むのでしょう。

多くの企業の「採用ホームページ」を見ると、どうも的がはずれているようにも思えます。

ある会社の採用ページに、「こんなに休みやすい会社だとは思いませんでした」というキャッチが載っていました。どう思われますか？

「休みたい」人を採用したいのならばこれでよいと思いますが、経営者に尋ねると、本当は「力いっぱい働く人」が欲しいとおっしゃっていました。

会社の何をＰＲするのか、よく考えていただかなければなりません。

ＨＲは、特に「仕事型」の充実を施策に盛り込むことを考えるべきでしょう。

もちろん、それが得られない職種もあります。その場合は「組織・職場型」の充実を考えましょう。

「働く考え方」を「価値を出すことだ」と考えることは、「気づき」から生まれます。そこに気づいた人は強いです。仕事は楽しいことばかりではありませんが、働く目的が価値を提供して、ありがとうと言ってもらえることだ、というスイッチが入った人を増やすことはＨＲの重要な任務だと考えます。

第4章

ビジネスモデル革新とＨＲ戦略

社員のレベルとビジネスモデルの優秀さ

最近感じることがあります。「ビジネスモデルが優れている会社の社員は、さほど優れていないのではないか」。私の仮説です。

有名な人材ビジネスの会社の営業担当が来ました。派遣してもらいたい人の要件を伝え、探してもらいます。しかし、この先がひどいのです。「連絡が来ない」「オーダーを忘れる（忘れてましたと正直に言ってきました）」「候補者との顔合わせの日を忘れている」「約束した時間に誰も来ない」「何も言わず遅刻する」。

ちゃんとしてくれ、と伝えても、「申し訳ありません」と言うだけで、一向に改善されません。

上司の方にも伝えましたが、同様です。

コロナ禍前、人材ビジネスは人手不足感もあって、潤沢に収益を上げている会社も多く、さしてがんばらなくても自然に受注が上がっていく、という状態でした。言ってみれば、「普通にやっておけば、成績は上がる」「がんばらなくても受注できる」という状態だったのでしょう。

他社に切り替えても、ほぼ同じような状態です。たまたま気が利く優秀な営業と出会えれば儲けものです。ただ、営業が優秀でも、その背後のスタッフがこれまたイケていない。やはりこちらはそれでストレスを抱えるわけです。

まあ、当社はとても小さな会社ですから、「手間をかけてもさして収益につながらない」対象なのでしょう。「だったらそう言ってよね」と思いますが仕方がありません。

不動産賃貸でも同じような話を聞きました。営業担当が突然ノンアポでやってきて、「オーナー様のご要望で家賃を上げていただくよう、通知書をお持ちしました」。契約更新の2か月前です。出ていこうにも間に合いません。そして示した通知書は3週間も前のものです。この担当者は、これまでにも折り返しの連絡をよこさないなど、かなりレベルの低い対応をしていたそうです。

それでもその会社は収益を簡単に上げられるのでしょう。人気物件なら少々対応がまずくても、また入居者は現れるんでしょうね。

ビジネスモデルとして、「さして何もしなくても儲かる」ということなのでしょう。

ビジネスモデル構築とHRのマトリックス

次のようなマトリックスを作ってみました。社員のレベルとビジネスモデルの関係を考えるマトリックスです。

「ビジネスモデルが優れている」とは「利益を創出しやすい状況にあること」とします。収益を上げる「仕組み」が整っており、その仕組みを回すことで、売上や利益を確保できる状態です。

「ビジネスモデルが優れていない」とは「誰かががんばらないと収益を上げられない」「収益を上げる仕組みが整っていない」という状態です。

「社員のレベルが高い」とは「自ら考え創意工夫をして、価値を生み出し収益につなげられる人が多い」という状態です。

「社員のレベルが普通」とは、「自らは考えず、指示に基づき仕事をしている人が多い」という状態とします。

これでマトリックスを組み、①〜④の状態に分けてみます。

①は、ビジネスモデルも社員のレベルも高くない状態です。

②は、社員のレベルが高く、社員個々人が価値を生み、収益につなげますが、恒常的に収益を上げる仕組みやモデルは整っていません。

③は、ビジネスモデルが優秀で、収益は安定していますが、多くの社員は、仕組みの中

ビジネスモデルと社員のレベル

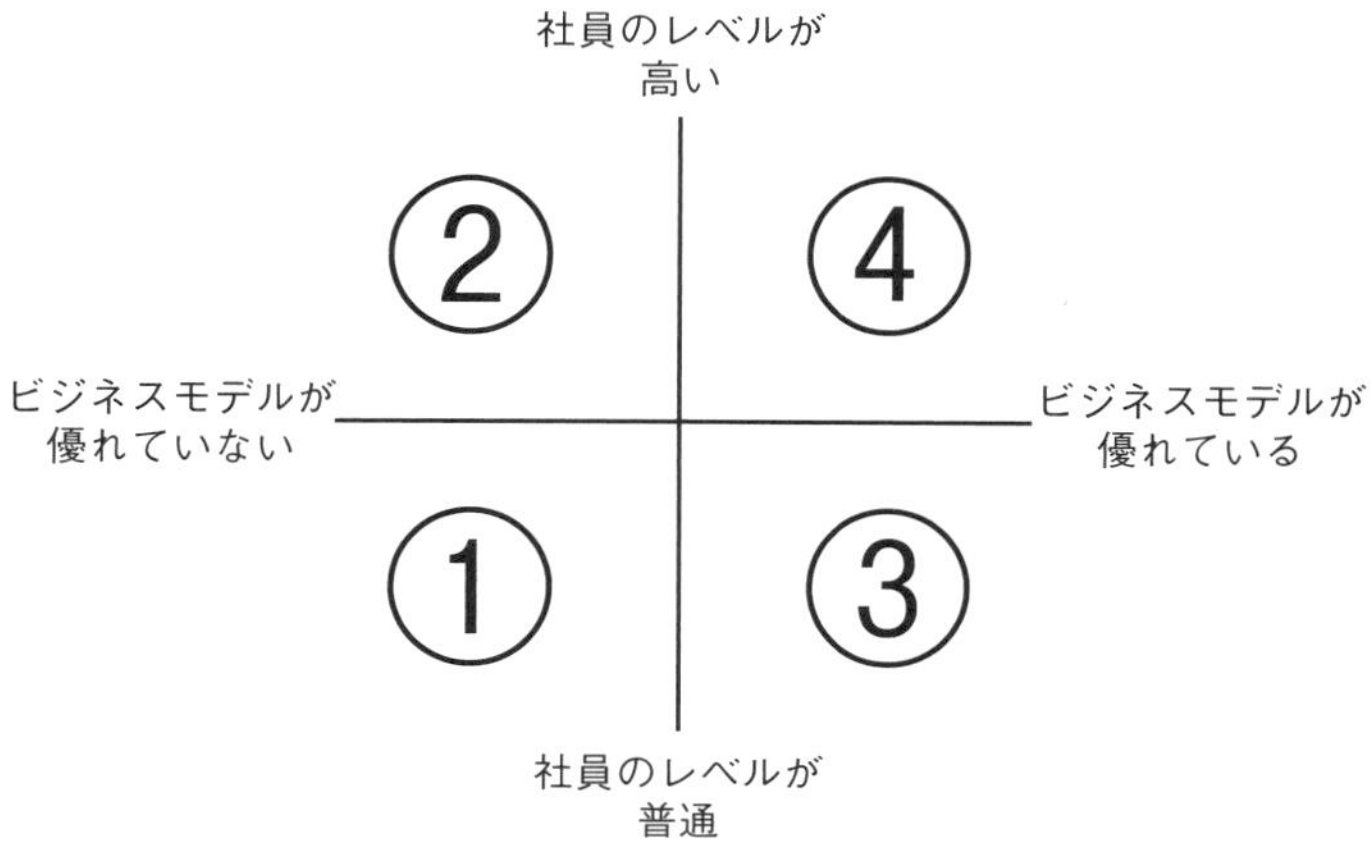

で回っており、自ら新たな価値創造を行いません。

④は、ビジネスモデルも整っており、恒常的に収益を上げられる状態で、かつ社員は自ら考え、新たな価値を創出している状態です。

先ほどの「ビジネスモデルは優れているが、社員はさほど優秀ではない」というのは③です。しかし、優秀な人材がいなくても、収益を上げられるのであれば、それはそれでいいわけです。そして人件費を低く抑えることができれば、経営は成り立ちます。

人材とビジネスモデルのどちらを優先するか

企業はだいたい①からスタートします。①は経営者ががんばって価値創造をしている状態です。しかし、そのままでは経営者ががんばり続けなければなりません。ビジネスモデルができていないのですから、いつも受注のために走り回らなければなりません。

ここでの選択肢は、②を目指すか、③を目指すかです。

②を目指すのならば、優秀な人材を確保します。「どのような人に来てもらえれば、経営者を営業活動から解放してもらえるか」を考えます。首尾よく人材を確保できれば、経営者はひょっとしたら営業活動から解放されるかもしれません。

しかしビジネスモデルが整っていません。もしせっかく入社した人が辞めてしまったら①に逆戻りです。そのためには、高給を払うなど、惹きつけてつなぎとめる施策が必要になります。スペシャリスト集団、例えば弁護士ファーム、コンサルティングファームなどはここです。

②に成功して、経営者と優秀な社員が協力して、継続的に儲かるビジネスモデルができれば④に移行します。うまくいけばここで企業は急成長します。

①から③を志向するケースもあります。ビジネスモデルを優先させます。ＩＴ企業などはこのパターンを採ることも多いです。ビジネスモデルが優れていれば、そこに優秀な人材が集まることもあり得るでしょう。つまり①→③→④を目指す流れです。④に行けば、さらに新たなビジネスモデルを作ることもできるでしょう。

④になれたときに、④のままで行くのではなく、あえて③に行くという判断もあります。既存の社員のレベルを下げるというわけではありません。「決められたことを決められた通りにきちんとこなす人」でもビジネスモデルを回していけるようにするのです。例えばコンビニエンスストアのようにアルバイトで成り立っているビジネスは③のタイプと言えるでしょう。意識して③に行くというＨＲ戦略も当然ありなのです。

しかし、図らずも④から③に行ってしまった、という企業も多いのではないでしょうか。「大企業病」という言葉がありますが、それもその一つでしょう。この章の冒頭で紹介した「イケてない企業」ケースもこれにあたるのではないかと思うのです。「さしてがんばらなくても収益が上がる」のですから、「あくせく仕事をしなくてもよい」ですし、それならば「ワークライフバランス」を志向してもよさそうです。社員の志向は「安定」「安心」に向かいます。中には、社内だけを見る「内向き社員」になってしまう人もいるでしょう。

図らずも③に行ってしまい、ビジネスモデルの優位性も落ちてくると、①に逆戻りです。ここに至る前に、何らかの手を打たなければなりません。

収穫逓減の法則というものがあります。いつまでも高収益は続きません。収益が上がらなくなる前に、ビジネスモデルを変換しなければなりません。そのためには社員のレベルを下げたくはないと思います。

社員もビジネスモデルも優秀であり続ける

④で居続けるのが理想です。それは簡単ではありませんが、ＨＲ施策によって実現できることです。

私が在職していた頃のリクルートは④を志向していたと思います。

求人広告や住宅関連広告などのビジネスモデルは優れていましたので、社員がやる仕事は多くがオペレーティブでした。私の初受注は中途入社した2週間後でした。初心者でも受注できるのです。その点では③とも言えますが、その優れたビジネスモデルを実行させる社員の多くが高学歴社員でした。東京大学で原子力を学んだ、という同僚が求人広告を売っていたのです。

リクルート創業者の江副浩正さんのＨＲに対する考え方は卓越していたと思います。ここで書ききれないほど、多彩なＨＲ戦略と施策を考えて打ち出していました。当時のリクルートは（成績を上げていれば）高給でした。20代で年収１０００万円を超える社員も多くいたと思います。その分、競争は激しく、「成績を上げられない者は人ではない」ぐらいの勢いでした。

一方で社員の平均年齢は20代で、誰も定年まで働こうなんて考えていません。40歳定年といった施策もありました。年収が高い中高年の人たちがいないのですから、会社全体としての人件費比率は決して高くはありません。優秀な20代を集めて高給で優遇するが、長期勤続は想定しない、というのは優れたＨＲ戦略でした（現在は少し変わったと聞いていますが）。

こうしたことを「意図して」行っているのならば、ＨＲ戦略に優れていると言えます。

人材とビジネスモデルと対比してマトリックスを組んでみると、①はそもそもＨＲ部門がないかもしれません。②または③に至る段階で、ＨＲの重要さが認識されます。

②については、優秀な人材を確保しなければビジネスが成立しませんから、「優秀な人材の確保」という点でＨＲの重要性は高まります。④に移行することを目指すなら、ビジネスモデルの構築や革新を実現することができる優秀な人材を確保し、つなぎとめることが必要です。「どのような人材をどれだけ確保するか」が非常に重要になります。

③になれば、ビジネスモデルの優位性を保ちながら、新たな価値を出すビジネスモデルをさらに立ち上げることが成長のポイントです。そのためにはやはり人材が重要です。①に逆戻りしないために何が必要なのか、ＨＲの判断が問われます。

かつての人事部不要論は、④の段階でＨＲ部門に対して投げかけられた試練でしょう。ビジネスが回るのならば、ＨＲ部門は不要であると考える、あるいは、事業部門に任せておけば、ＨＲ部門は必要ないのではないか、という議論でしょう。

しかし、その結果④から③に至った時に、「やはりＨＲ部門は必要だ」ということになります。しかし、一度力と優秀さを失ったＨＲ部門を立て直すのは容易ではありません。

企業の成長ステージとHR

以上を踏まえ、改めて企業の成長ステージとHRについて確認してみます。次の図のように、企業はS字で成長するとも言われています。

新たなことを試行するのが「創業期」です。

鉱脈を掘り当てると（ビジネスモデルが見いだされると）、「成長期」に入ります。ここでは売上が急激に伸びます。

その後、売上の伸びは鈍化しますが、利益が見込める「安定期」になります。ここまでの間にはライバルが現れ、競争が激しくなります。

ビジネスモデルがコモディティ化（一般化）してしまうと、「衰退期」が近づきます。

衰退期に入る前に、新たなビジネスモデルを構築できれば「第２成長期」に移行して、社業は発展していきます。

大企業は、最初から安定期にいたわけではなく、ほぼこのような過程を経て、大きくなっています。

創業期には人事部などのＨＲ機能はありません。あっても社長ががんばってこなしています。成長期に入り、人が増えてくると、そこでＨＲという機能を作ります。しかし、ベンチャー企業の多くでは、営業など事業活動の方が大事です。人事部や人事担当者は「めんどくさいことはあなたたちでやっといてね」という扱いであることも多く、あまり優秀さは求められま

企業の成長ステージ

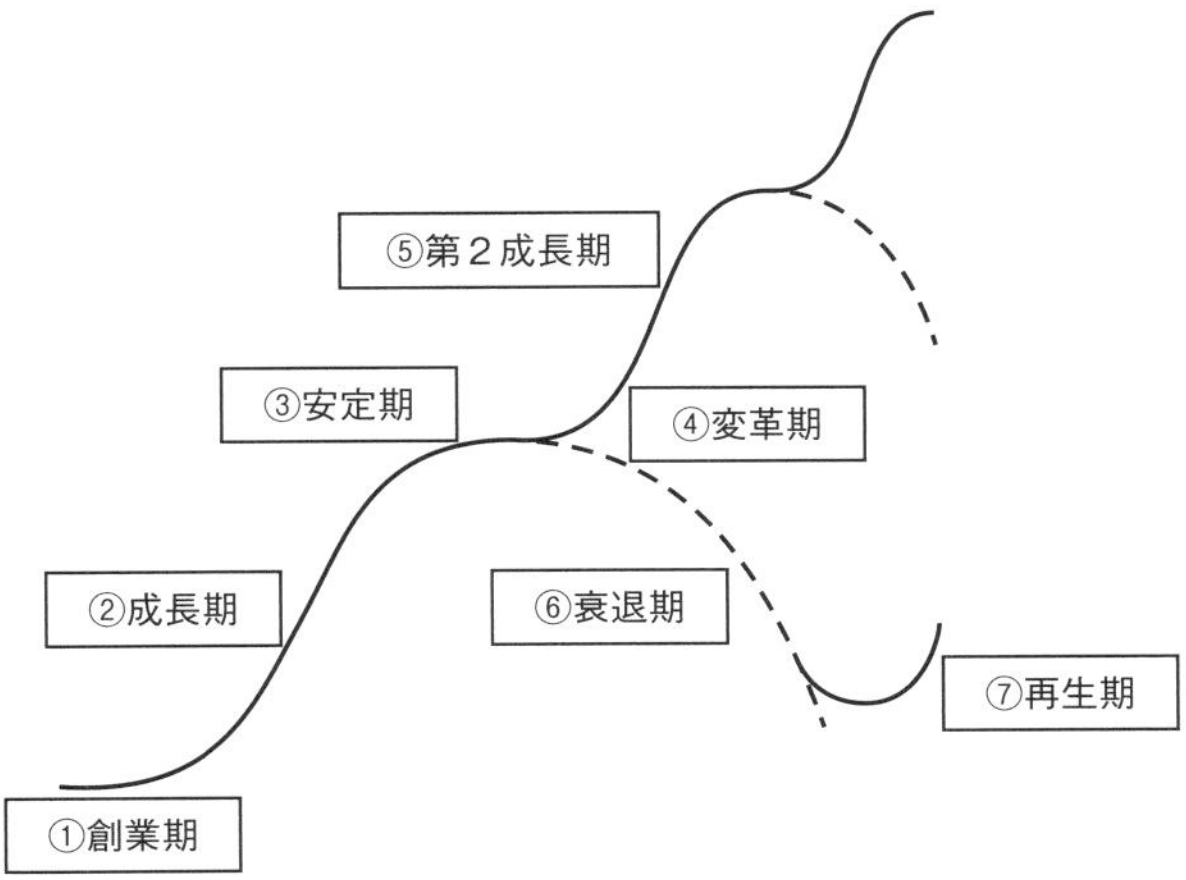

せん。

成長期の後期や安定期に入りそうな段階に至って、企業によっては株式公開を目指す中で、「ＨＲはこのままではいけない」というスイッチが入ります。大量採用と大量離職の繰り返し、不正の多発など、望ましくない事態も起こってきます。

成長期においては、ビジネスモデルは見えていますので、それを回すことが大事になります。つまり「その仕組みを回す人」が大切になります。

しかしそれだけでは成長はいつまでも続きません。やがて売上の伸びが鈍化し、「安定成長期」に入ります。ここは「利益」が取れるところですので、コストダウンと効率化がより求められます。無駄を省きます。仕組みはできていますので、それを回す人材は相変わらず大切です。お昼休みに照明を消している会社は、だいたいこのステージにいます。

しかし、ここで打ち手を間違えると、次の変革期を乗り越えられなくなります。仕組みを回す人だけでは、変革はできません。

日本の大企業の多くは、この「安定成長領域」に長くいたのではないかと思われます。その結果、変革に至らず、例えば電機業界などでは、中国・韓国に抜かれてしまいました。安定成長領域においては、経営資源は豊富なはずですから、その段階で変革に備える

● 事業のサイクル

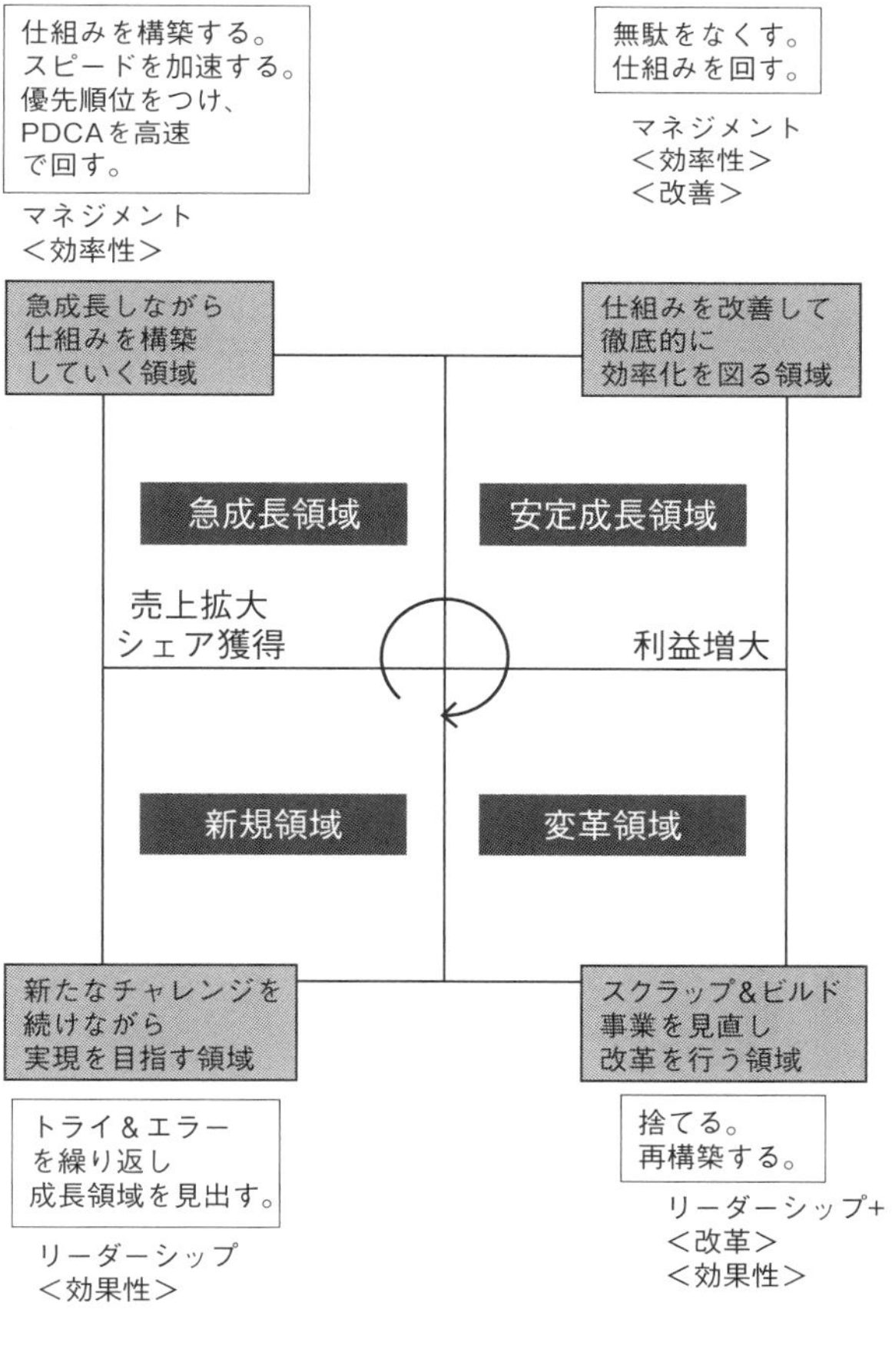
仕組みを構築する。
スピードを加速する。
優先順位をつけ、
PDCAを高速
で回す。
マネジメント
<効率性>
無駄をなくす。
仕組みを回す。
マネジメント
<効率性>
<改善>
急成長しながら
仕組みを構築
していく領域
仕組みを改善して
徹底的に
効率化を図る領域
急成長領域
安定成長領域
売上拡大
シェア獲得
利益増大
新規領域
変革領域
新たなチャレンジを
続けながら
実現を目指す領域
スクラップ&ビルド
事業を見直し
改革を行う領域
トライ＆エラー
を繰り返し
成長領域を見出す。
リーダーシップ
<効果性>
捨てる。
再構築する。
リーダーシップ+
<改革>
<効果性>

事業戦略やＨＲ戦略を組むことはできたはずです。しかし、失敗した企業も多くあります。

「明るく元気で素直、指示に従って言われたことをきちんとこなす」といった人材は、成長期と安定期には欠かせませんが、変革期には向きません。変革期を乗り越えられる人材を確保していなければなりません。

変革のために「変な奴」を戦略的に採用

私がいたカルチュア・コンビニエンス・クラブは、ＴＳＵＴＡＹＡというレンタルビデオチェーンとして成長しました。店舗運営やフランチャイズ店の指導・運営をする人材が多く求められました。しかし、２０００年頃からレンタルビデオという業態だけでは長くは持たないということが予見されていました。ＴＳＵＴＡＹＡ事業のための人材だけではなく、「創り出す奴」「変える奴」「壊す奴」といった「変な奴」を戦略的に確保する必要がありました。結果、現在は、ポイント事業・カード事業をはじめとするデータサイエンス事業、公共サービス事業など、ビジネスモデルを広げています。

クリーク・アンド・リバー社においても、もともとはクリエイターエージェンシーとして、クリエイターの派遣、紹介から発展した会社でした。しかし、その事業のみならず、多様なスペシャリスト、弁護士・エンジニア・医者・料理人などを対象とする事業を広げていく構想があり、それを担える人材の確保が重要な課題でした。そこで採用する人たちの中に、「変な奴」を交えて確保しました。

変革を担う人というのは、少し「変な奴」です。「言われたことを言われたとおりにする」という従順な人材ではありません。その「変な奴」を惹きつけるには、決して「安心・安定」ではなく、「ワークライフバランス」でもなく、「お休みの多さ」でもなく、ビジネスの面白さ、厳しさを伝えなければなりません。応募者に伝えるメッセージが異なります。それでも来てくれる人たちはいます。

ただし、「変な奴」は、変なので、場合によっては長期勤続を想定しませんし、優秀であれば、「遠心力」が働きます。他社も喉から手が出るほど欲しい人材です。いずれ辞めることも想定しておかなければなりません。独立起業も容易でしょう。そのくらいでなければ変革や事業創造は起こせません。

勤続20年選手の確保ではなく、「3年で辞めることもあるよね」「6年、あるいは10年いたら、めっけもんだよね」という感覚での採用になります。

結果として、残ってくれた人たちの多くは、既存事業の中枢にいたり、新規事業の責任者になったり、海外拠点の責任者になったりしています。辞めてしまった人たちの多くも、他社で活躍しています。大学教授になった人もいます。

ここにＨＲ戦略があります。企業の成長ステージの現在と将来を見据えた施策に取り組まなければ、「それをしたい時にできる人材がいない」という状況になってしまいます。ＨＲ戦略は企業の次のステージを見据えていかなければなりません。

第5章

人事部
トランスフォーメーション

ＨＲの優劣が企業の将来を決める

ＨＲの基盤がしっかりして成長したＡ社と失敗したＢ社

私たちの長年のクライアントで、ブライダル会社のＡ社があります。苦しい時もありましたし、業績が厳しい時もありました。また、一時期、理念を見失っているかのような時もありました。

しかし、見事にそれを乗り越え成長してきました。経営陣とＨＲのしっかりとした信念のもと、業容は拡大し、社員の定着力も高まり、顧客からの高い支持も得ています。

こちらの会社では、10年ほど前に、ＨＲの基盤を構築しました。理念の浸透、キャリアステップの整備、評価制度、評価に基づく給与制度です。

そしてその後一貫して、その基盤を運用してきました。ＨＲの責任者は何度か変わりましたが、構築した基盤を守り、大きくは変えずに運用し続けました。

その過程で、定期的に管理職が集まり、じっくりと時間をかけて「評価会議」を運用してきました。その会議の中で、個々の社員の育成について話し合い、施策に落とし込み、展開してきました。昇格審査（昇格アセスメント）についても、客観的な基準のもと、厳正に運用し、昇格者を決めています。管理職を含め、社員の多くが基盤としての仕組みを理解して、一定の納得感を持っていると思います。

しかし、まったく柔軟性がなかったわけではなく、10年の間に、少しずつ、状況に合わせて運用にはバリエーションを展開していました。ただ、バリエーション展開が多様になると、全体の整合性が崩れてきます。

そこで再度、基盤の再整備を行うこととして、人事制度の改定を行いました。ただ、従来の「考え方」については変わっていません。理念の浸透、キャリアステップの整備、評価制度、評価に基づく給与制度というハードウエアは変えません。

私たちは昇格アセスメントや管理職研修などで、この会社の管理職や社員の方々とコミュニケーションをする機会が多いのですが、ほんとに「気持ちのいい」人たちです。「よい結婚式をつくろう」という理念に社員が共感し、経営陣と社員で一丸となってそれに取り組んでいることが伝わってきます。

経営陣の想いとＨＲ施策への理解、ＨＲ基盤運営の安定感、１０００人を超える社員一人ひとりの育成に会社をあげて取り組んでいこうという共通の姿勢が一貫しています。

一方でこんな会社もありました。

Ｂ社は、以前は業績がとてもよかったのですが、市場環境に恵まれていたとも言えます。そんな中でＨＲ部門が崩壊しました。

不具合のあるＨＲ施策の改革に取り組もうとしましたが、ＨＲ基盤の構築は不十分で、ＨＲ責任者を外部から採用しました。「他社で行っている」などの理由で、新しい施策の展開を繰り返しました。しかし、ＨＲの基盤づくりまで及ばず、うまくいきません。

そのうちにこの責任者が経営からの信頼を失い、また別の責任者を採用する。この繰り返しです。そして本社ＨＲを解体し、事業別にＨＲを行おうとしましたが、全社共通の基盤がありません。施策は機能せず、その間に、会社に対する社員の信頼は失われていきました。人が離れ、マーケットの変化に対応できず、業績が低迷しています。

Ａ社とＢ社の違いはどこにあるのでしょう。「ＨＲの優秀さ」という側面から考えてみます。

ＨＲの優秀さとは

ＨＲが優秀な会社は飛躍し、そうでない会社は崩壊に向かうといっても過言ではない、と「はじめに」で述べました。

ではＨＲが優秀とはどのようなことを言うのでしょうか。

「ＨＲ戦略が優れている」「ＨＲ部門が優れている」「ＨＲ担当者が優れている」などが考えられます。

「HR戦略が優れている」

「HR戦略」とは、経営陣・CHOやHR部門、各事業部門のいずれか、またはすべてが「中長期的な視点」で「事業戦略」を見据えて、組織や人は今後どうしていくべきか、といった戦略を構築し、施策を企画し実行していくことです。

HR戦略に優れている企業は、現在と将来の経営戦略、事業戦略に基づいて、明確な意図のもと、考え方をしっかりした上で、リスクも想定して、施策を展開しています。

人に関することは、中長期的視点が欠かせません。何年働いてもらうのか、長期なのか短期なのか、離職を想定してでも確保するのか、そもそもどの雇用形態や契約形態の人材をどれだけ確保するのか、育成や処遇の仕組みをどうするか、などを長い目で考える必要があるのです。

メディアで取り上げられている企業の多くで、「HRがうまくいっている」とされる企業は、実は取り上げられている施策以前に、HRの基盤がしっかりしているものです。

そこはある種「当たり前」であり「目新しさはない」ものですから、当の企業もあまり説明しませんし、メディアも取り上げません。

「HR部門が優れている」

HR部門が優れている企業は、HR戦略が優れていないということはあまり考えられません。HR部門が優れていれば、当然HR戦略を描き、実行に移すでしょう。

逆はあり得るかもしれません。HR戦略は優れているが、HR部門はそうでもない、というパターンはありそうです。

「HR担当者が優れている」

HR部門がなくても、担当者が優れていれば、HR戦略の策定と実現は可能でしょう。しかし、担当者は入れ替わります。組織として「HR部門」の優秀さが維持されることと、担当者が優秀なのとは別物です。

HRの優秀な企業には、「HR戦略の優秀さ」があり、それを実行していく「HR部門の優秀さ」があります。そしてHRの優秀さを維持する「基盤」を構築するのは、HRの担当者・責任者です。

ですからＨＲを強化する上では、その担当者・責任者の強化とセットで体制を整える必要があります。ＨＲ担当者が「ＨＲの基盤」を理解し、それを作り上げ維持することができるかどうかにかかっています。

次のグラフのような調査がありました。「人事担当者は戦略実現のために必要な能力を有しているか」に関する調査です。

「有している」と答えた人は21％しかいません。自分たちのことを答えているので、謙虚な回答かもしれませんが、それでもとても低いと言えます。

また、棒グラフは、「人事担当者が戦略実現のために必要な能力を有している」と回答した比率が高いほど、企業の業績は良いことを示しています。ＨＲ担当者の能力が、企業の業績に影響を与えているというデータです。

● 人事担当者は戦略実現のために必要な能力を有しているか

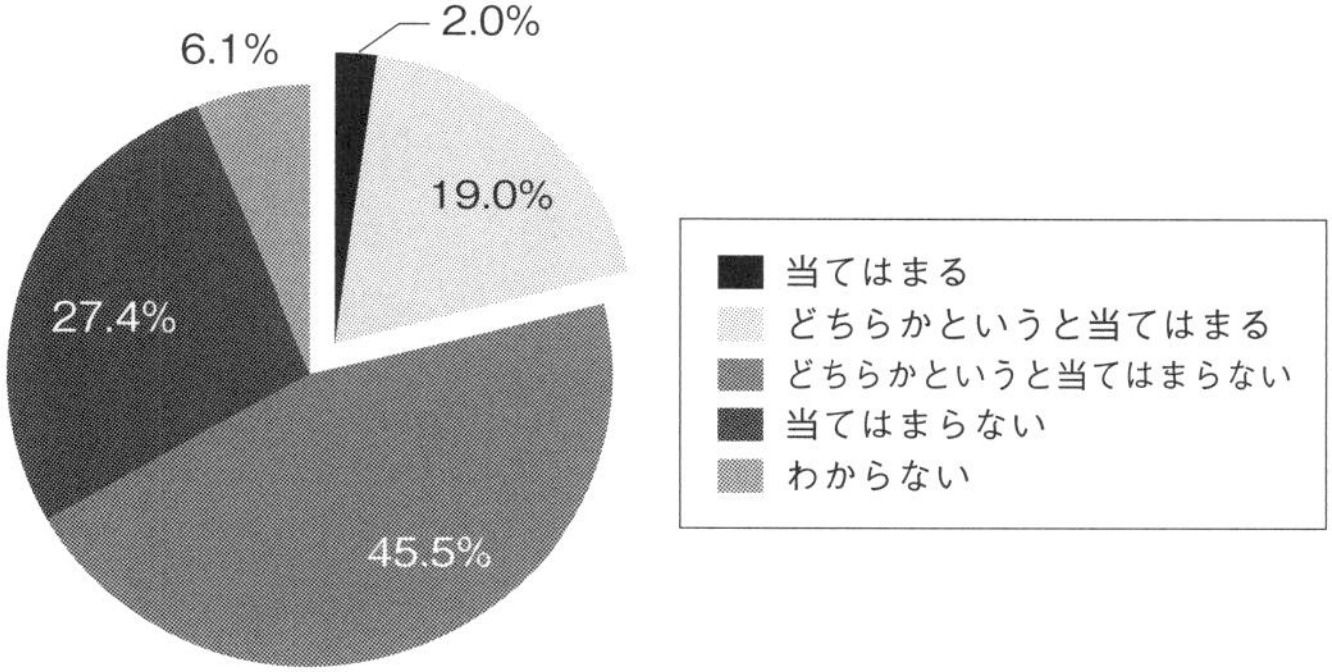

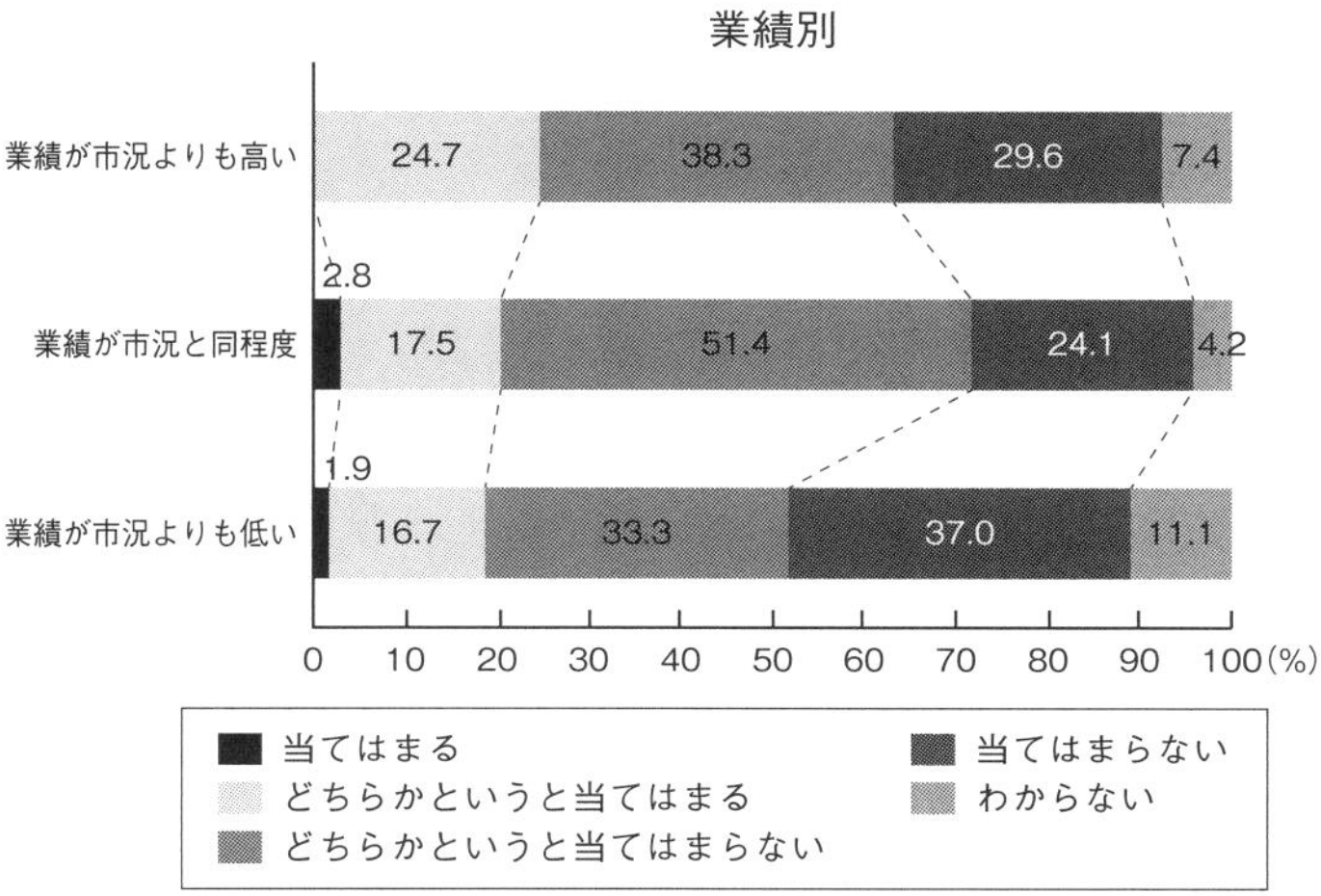

株式会社アイ・キュー　『日本の人事部　人事白書 2017』
回答者は 4192 人の企業人事関係者（61％が人事課長以下）

ＨＲ担当者に必要な能力

では、ＨＲ担当者に必要な能力とはどのようなものでしょうか。私は、「人事の学校」という人事担当者向けの講座を続けています。受講いただいた方は延べ５０００人を超えています。ここでお伝えしているのは、「どの会社」「どのステージ」でも、ベースとして必要な知識です。

そこではＨＲ担当者の必要な能力として、次の表の項目を伝えています。

これらが全部できれば、スーパーＨＲ担当者です。

しかし、これらすべてをできる人はなかなかいません。実はその必要もありません。

というのは、今すぐできなくても、「何が必要で」「自分には何が足りないのか」を認識していることが、優秀なＨＲ担当者の要件だからです。

「何が必要か」と、「自分には何が足りないのか」を理解していれば、必要な時に、専門家や他社のＨＲ担当者などに尋ねるなどして、そこを補えばいいのです。「自分に何が足

人事担当者に必要な能力

理念・社内理解	経営理念を自らの言葉で熱く語ることができる。
	自社の人事ポリシーを網羅的に構築・理解し、各施策がポリシーに則っているかを常に検証する。
	過去から現在までの社内のことをよく理解している。
	経営陣・経営幹部層との信頼感のある人的ネットワークを持っている。
	組織構成と職務分掌を理解している。
	社員個々人のことを知っている。
	自身のキャリアビジョン・キャリアプランを持ち、語ることができる。
人事ポリシー策定	人事ポリシー（会社の社員に対する考え方）を策定できる。
	人事ポリシーを明確化するための考え方のフレームを理解し、用いることができる。
	会社の価値観を整理し明文化できる。
人事制度構築（等級・評価・給与）	人事制度の構成要素を理解し、相互を関連付けながら設計できる。
	格付制度（等級制度・職位制度）を設計し、要件を整備できる。
	評価制度（成果評価・プロセス評価等）を設計し、運用方法を策定できる。
	給与制度を設計し、現制度からの移行プランを策定できる。
	人事制度構築にあたって、労働法規等を考慮し、制度に反映できる。
	人事制度を周知することができる。
人事制度運用	等級制度・評価制度・給与制度を運用することができる。
	評価制度を運用し、公正な評価調整を主導できる。
	評価者への教育ができる。
	昇格・降格の調整と運用ができる。
	給与改定・賞与決定を主導できる。
	必要であれば人事制度を適宜改定し、導入・運用ができる。
採用	採用市場の動向を理解している。
	適切な採用手法（媒体・エージェント等）をとることができる。
	適切な選考を行うことができる。
	選考にあたって、自社に有用な人材を見極めることができる。
	応募者を意識付けすることができる。
	人材を見極める要素を理解している。
人材配置	業績向上と人材育成を考慮した人材配置（人事異動）戦略を策定することができる。
	組織構成に基づき、適切な人事異動・配置案を策定することができる。
	配置にあたって、各種施策（自己申告制度など）を展開できる。
	人事異動調整を経営・各部門と行い、人事異動を完了することができる。
勤労・労務	社員の個別労務案件への対応ができる。
	メンタル不調、ハラスメントなど様々な問題のリスクを理解し、適切な対応ができる。
	労働基準監督署・職業安定所など、公的機関への対応ができる。
	賞罰を適切に運用できる。
	必要な人事面談を、トラブル収束のために適切に実施することができる。
人事管理・規程	労働法規の基本を理解している。
	自社の就業規則等の規程を理解し、リスクを回避するために適宜改訂することができる。
	労働時間管理・安全衛生管理を適切に実施することができる。
	リスクを予見した際に、経営・各管理職等と連絡を取り、適切に対処することができる。
教育	一過性にならない、網羅的な教育体系を作ることができる。
	人事制度と関連した汎用的教育を実施できる。
	入社時教育をはじめとする階層別教育を企画・実施できる。
	自身が講師として研修を実施できる。
給与・厚生	給与計算に必要な要素を理解している。
	労働法規をにらみながら、適切な時間管理と給与計算・支給ができる。
	社会保険手続きを理解している。
	適切な福利厚生施策を企画・導入できる。
全般	人事機能を構築し運用した経験がある。
	他社の人事担当者と交流し、情報を得る。
	人事関連企業・専門家とのリレーションを持ち、適切な外部支援を受けることができる。

りないのか」を認識していないと、間違った施策を展開してしまいます。これが会社にダメージを与えます。

HRは、「できそうでできない」領域です。「明日からHRやってね」と言われても、なんとかできるように見えてしまいます。そして成功か失敗かは、数か月から数年経たないと見えてきませんから。

私は年に2回、大手企業の人事の責任者を経験された皆様と、ゴルフをご一緒しています。誰でも知っている有名企業で人事を経験されてきた方々です。彼らに「一人前の人事担当者になるにはどのくらいの経験が必要ですか？」と尋ねると、返ってきた答えは、「10年だね」「1万時間だね」でした。なかなか途方もない時間ですが、そのくらいの経験を積まなければ、HRとして優秀にはなれない、ということなのでしょう。

とはいえ、HR担当者を長い時間かけて育ててきた過去の会社と違い、今は、それだけの時間をHR担当者の育成にかけられる余裕のある企業は多くありません。そこで、「ここだけは知っておこうね」ということで続けているのが、私の「人事の学校」です。

いずれにせよ、HR担当者の育成には、時間や手間がかかることはご理解いただきたいのです。

それならば、と、もし外部から経験者を採用しようというのなら、応募者が表の要件をどれだけできるのかを確認してください。

外部からＨＲ責任者を採用すると、失敗も多くなります。「ＨＲ責任者の採用」→「人事制度改定などの施策展開」→「１～２年後にうまくいかないことが発覚」→「責任者の退職」→「責任者不在で残骸が残る」ということを繰り返すこともあります。よく考えて施策を展開しないと、その痛手は長期間にわたってしまいます。

「ＨＲをぐしゃぐしゃにしていなくなった」などという話はとても多く聞きます。なぜでしょうか。

あなたの会社には「どのような人がＨＲ責任者を務めることができるのか」を見極められる人がいますか？　そもそも「ＨＲについてよくわからない」「知見や経験がある人がいない」から、外部から責任者を採用するのだと思います。それならば「どういう人ならばそれができるのか」を判断できるはずがないのです。

履歴書・職務経歴書上、「できる」ように書いてあったとしても、果たしてどうなのか。その人の力で成し遂げたことなのか、これを見極めるのは極めて難しいとご認識ください。ぜひ慎重に選考いただきたいと思います。

ＨＲ部門の役割と構築

ＨＲ戦略の継続的な実行のためにも、優秀なＨＲ部門を構築したいものです。

まず、ＨＲ部門の役割について確認してみます。

次の表に挙げた分野と職務があります。すべて必要です。

優秀なＨＲ部門は、これらをしっかりと有機的に行っています。ただし、オペレーションについては効率化も必要ですから、アウトソーシングするケースもあるでしょう。

職務としての「戦略」と「企画」が重要なのは言うまでもありません。しかし、企画ができてもそれを粘り強く「運用」することも大切です。企画しても運用できない、ということは多々あります。

自社のＨＲにどの機能があるのか、またはないのかを確認していただきたいと思います。

ＨＲの機能

さて、ＨＲの機能を別の基準で分類すると、次の図のようになります。

「基幹的人事機能」としている部分が、「ＨＲの基盤」です。ここがぜい弱だと、その上に示した「おもしろ人事」が機能しない、または頓挫します。

「おもしろ人事」は、「他社が行っている」「効果がありそうだ」と取り入れることも多

● HR部門の役割

		分野		
		人事・採用	給与・厚生	育成・評価
職務	戦略 Strategy	理念浸透・人事ポリシー構築 人事制度ポリシー構築・人事制度構想・構築 人材採用・配置戦略、人材育成戦略構築 給与・福利厚生戦略		
職務	企画 Planning	人件費計画・定員計画 要員計画・人員計画 採用計画・代謝計画 人事異動起案	規程起案 人事システム企画 給与制度・退職金制度整備 福利厚生企画	格付制度・キャリアパス企画 評価制度企画 教育体系企画 単年度教育プログラム企画
職務	運用・管理 Management	採用活動（新卒・中途） 人事異動調整 人件費/要員管理 各種労務案件・リスク対応	規程整備 人事システム運用 給与制度・退職金制度運用 福利厚生運用	格付・評価制度運用 評価調整・確定 昇降格運用 教育プログラム実行
職務	オペレーション Operation	選考オペレーション 発令業務 各種申請処理 契約更新	給与計算・支給実務 社会保険手続 福利厚生実務 入退社手続	格付・評価制度運用資料作成 評価集計 研修オペレーション

い領域で、メディアなどで話題になる部分です。そして「自社なりのオリジナリティ」を作りあげることもできます。

しかし、それが機能するのは基盤が整っている時のみです。

どんな習い事やスポーツでも「基礎」が必要です。その基礎部分はたいがい退屈なものです。まったく華々しくありません。スポーツで言えば、基礎体力を作る段階、野球やテニス、ゴルフで「素振り」しかさせてもらえないような時期です。しかしどの分野においても、この基礎を疎かにしたら活躍することはできませんよね。

HRにおいて基礎にあたるのが「基幹的人事

HRの機能

中長期的人事戦略・人事ポリシー

<人事領域>人員計画・採用・配置・キャリアステップ・評価・給与・教育・労務…

	おもしろ人事	採用イベント	表彰制度	各種研修
		自己申告制度	インセンティブ	法定外福利
		FA制度	社内イベント	社内サークル
基幹的人事機能	ベタな人事	人員計画	等級制度	基幹教育体系
		採用	評価制度	規程改定
		任命・配置	給与制度	労務問題対応
	ベタベタな人事	労働法規	労働時間管理	給与計算・支給
		就業規則	リスク管理	社会保険等
		人事関連規程	人事情報管理	法定福利

機能」の部分なのです。

そのうち、「ベタベタな人事」と表現したところは、どの会社でも必要に迫られて行っているところです。社会保険労務士さんにお願いしている場合もあるでしょう。「やらねばならない」機能です。

その上で大切なのが「ベタな人事」の部分です。ここが大切です。ここは「やらなくても当面困らない」部分ではありません。「なくてもそれなりになんとかなる」という部分でもあります。

しかし、ここがなければ、優秀なＨＲ部門もできず、ＨＲ戦略の実現もままなりません。さらにここは、「ＨＲが機能している会社ならば、ほぼ同じように整備している」部分でもあります。汎用的な部分です。

私たちはこの「ベタな人事」の部分をコンサルテーションし、基盤の構築をお手伝いするケースが多いですが、ブライダル企業も商社もメーカーも、飲食業も「神社」でも、ほぼ同じ形のものを構築しています。

ＨＲ部門構築の2段階

ＨＲ部門の構築には2つの段階があります。

まず1段階目は、基幹的人事機能を構築するフェーズです。ＨＲの基盤を作る段階です。

ここはどんな会社でも大きくは異ならない「汎用的」な部分ですから、社内にその知見がなければ、外部から経験者を採用すれば作り上げることができます。しかし先ほど申し上げた通り、この採用は失敗もありますので、私たちのようなコンサルタントにご相談いただくのもありかもしれません。

この構築には2年から3年程度かかります。作るだけではなく「運用」しなければなりません。土木工事のコンクリートが固まる期間と考えてください。

運用して回りだしたら、次の「おもしろ人事」ができるようになります。会社のオリジナリティや個性を発揮するのはここからです。いよいよ個性的な建物を建てることができきます。

ここから2段階目になります。

1段階目は、外部から採用した経験者やコンサルタントが汎用的に作りあげて運用しますが、２段階目は、会社のオリジナリティの部分になりますので、「プロパー社員」が望ましいと考えます。社内のことがよくわかっていて、経営者の信任も厚い人材です。

すでに基盤は整っていますので、「ＨＲ担当者の必要な能力」のうち、基盤構築に必要な部分は、さしてなくても、よいＨＲをすることができます。

私がいたＣＣＣでは、中途採用の私たちの後で、ＨＲ戦略をさらに発展させ、うまく成し遂げたのは、新卒で入って現場経験もある人材でした。クリーク・アンド・リバー社においても、私の何代か後ですが、現場経験が豊富な人材が責任者になっています。

ここでは「社内がよくわかっている」「経営者とのコミュニケーションが容易」な人材がよいのです。

ただ、この章の冒頭に挙げた「ブライダル企業」においては、現在のＨＲでは「現場がよくわかっているＨＲ責任者」が活躍されていますが、基幹的人事機能に手を付ける場合には、専門家を入れています。下手に基礎部分に手を入れてしまうと、建物が崩壊することがあります。気をつけてください。

この本の主題である「やり方」よりも「考え方」というのはこの部分です。第４次人事革命を適切に実現するためには、これらを踏まえた「考え方」の再整備と、土木と建築の要素の両方を見据えた取り組みが欠かせないのです。

HR基礎解説

ウルリッチの「戦略人事」

ＨＲ業界の方なら既ご存じかと思いますが、１９９０年代に米国ミシガン大学の教授デイビッド・ウルリッチが提唱した「戦略人事」という考え方があります。

私はこの「戦略人事」という言葉があまり好きではありません。「何をいまさら」と思うからです。ＨＲは戦略人事でなければならないのは「あたりまえ」だと思ってきたからです。

言葉は好きではありませんが、考え方としてウルリッチが提唱した内容は、すべての経営者とＨＲ部門が考えていかなければならないことだと思います。

４つの機能が必要

ウルリッチは「戦略人事」に「ビジネスパートナー」「組織開発&人材開発」「卓越したＨＲ担当者」「オペレーションズ」の４つの機能が必要だと言っています。

①ビジネスパートナー

ＨＲ部門は、経営者のビジネスパートナーとして経営に積極的に参画していくべきだという考え方です。経営戦略を実現するために、ＨＲ部門の積極的な関わりが求められるとしていいます。といいますか、当たり前ですよね。これ。

ウルリッチが提唱したことは正しいのですが、こういう定義をしなければならなかったことに、従来の「人事部」が、「そうではなかった」ということを示しているのかもしれません。「そうでなかった人事部」は、「人事部不要論」にさらされても仕方がなかったのかもしれません。

②組織開発&人材開発

従業員（これからは会社で働く人すべてだと思います）へ理念と経営目標を浸透させて、目標を達成できる組織作りや人材育成を行うとしています。これを「変革のエージェント」としている資料もあります。

組織作りについては、ＨＲ部門というより、経営企画部門が経営計画策定と共に司ってもらいたいところではあります。が、できた組織内・組織間が円滑に目標に向かって機能するように、様々な施策を展開するのはＨＲ部門の仕事でしょう。現場の改革や改善、生産性の向上に、現場と共に考えＨＲ関連施策を展開していく、また、そのための人材育成を主導するのもＨＲ部門であってほしいと思います。

何も「研修をやりましょう」ではありません。前述のＴ型人材育成のための、現場からの理解を得ること、配置に反映すること、必要ならば研修などの施策を展開することなど、様々な施策の企画と運用が必要です。

これらは、①のビジネスパートナーとしての経営からの信頼がなければなし得ないことです。

③卓越したＨＲ担当者

戦略人事を実現するためには、ＨＲ業務に高いスキルを持つ「優秀なＨＲ部門」として機能しなくてはならない、としています。

卓越したＨＲ担当者を表す言葉として「従業員のチャンピオン」という表現が使われることもあります。この表現は現場から誤解を招きかねないので私は好きではありませんが、いずれにせよ「ＨＲ担当者は優秀でなければならない」ということは間違いないでしょう。

優秀であり、現場の声に耳を傾け、何が起こっているのか、何をすべきか、実際に課題・問題解決に現場と共に取り組むことにより、現場を支援していく機能でしょう。「何かあったらＨＲ部門に相談しよう」と思ってもらえることが、働く人たちから会社への信頼につながります。

④オペレーションズ

従来型HRの根幹でもある入社事務・勤怠管理・労務管理など、HRの日常業務です。「戦略人事」を行うにしても、基本オペレーションを効率よく安定的にかつ正確に行うことは極めて重要です。

そして、このオペレーションから、現場で起こっている異常値などを把握することもとても大切な仕事になります。これは働くすべての人にも安心感と信頼感を与えます。「戦略人事」の基本・基盤は、このオペレーションズにあると言っても過言ではないでしょう。

意識して作り上げる

ウルリッチは1990年代にこれを提唱しており、多くの研究者やコンサルタントなどが日本に伝えました。

しかし、「わかっちゃいるけどそこまでできない」ということが多くの企業の現実だったように思います。

卓越したHR担当者を確保・育成できない、確保したとしてもビジネスパートナーとまでは期待できない……、とりあえず人事管理やっといてよね……、ということだったように見えます。

しかし、第４次人事革命を実現するには、優秀なＨＲ担当者を要する強いＨＲ部門が必要です。意識して作り上げてください。

ＨＲ基礎解説　理念浸透はＨＲの使命

企業理念、経営理念は、「その会社が世の中にどのような価値を提供したいのか」を語ります。そして、そこに集う人たちは、一緒になって「理念の実現」を目指す集団のはずです。ついては、理念は「働く目的」のはずなのです。

「何のために働くのか」を問われた時、それは「生活のため」ではなく、「理念の実現のため」であってほしいのです。

私は働く目的を、多くの企業で、特に管理職研修などで問うています。返ってくる答えは「生活のため」「家族のため」「趣味のため」……。「マンションのローンだな」とおっしゃった大企業の部長さんもいらっしゃいました。まあそれはそうなのでしょうが、「俺のローンのためにがんばってくれ」と言われて部下はがんばるでしょうか。

もっともらしい話でしょうが、「何のために働くのか」を問うた時に理念に関連する言葉を返してくる人は、残念ながらとても少ないのです。特に大企業で顕著だと思います。理念が遠すぎるのかもしれません。今の自分の仕事と理念がつながっていないのかもしれません。

働くということ

働くということはどういうことなのか、再度考えていただきたいのです。次の図はそれを表したものです。

左側は、働くことによって「得られるもの」です。右側は、働くことで「提供するもの」「与えるもの」です。提供価値が高まれば売上が上がり、収入も上がります。

「働く」とは、何らかの価値を、他者・社会に提供しています。そして会社に勤めることは、その会社の理念の実現のために集まっているということです。「何をしにここに来てるの？」と聞かれて、「生活のため」では、本末転倒なのです。

その目的意識を社員が皆持っているかということがＨＲには問われます。

ベクトルがずれないようにする

ＨＲの目的は、理念の実現です。理念は会社のベクトルを表しています。このベクトルと一緒に歩んでいただける人を採用し、ベクトルとずれそうになってしまった人を、ベクトルに再度向け、どうしても同じベクトルを目指せなくなった人に、別の道や契約形態などを示すのが、ＨＲの仕事です。

● 働くということ

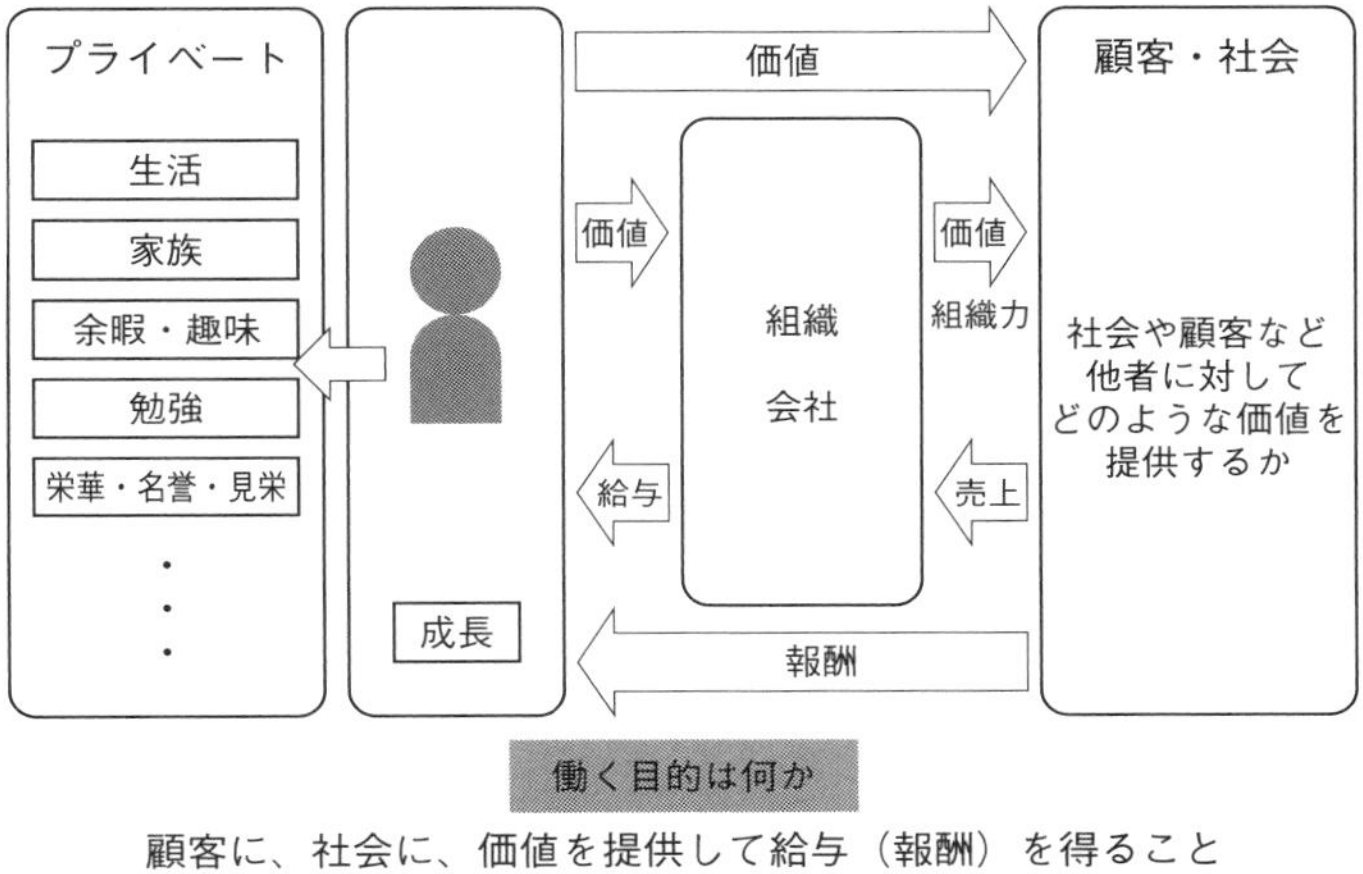

したがって、ＨＲ担当者は、社内の誰よりも、理念を意識し言動に反映しなければならないのです。理念と聞かれて、「クレドカード」を読んでいるようではダメなのです。

理念は、企業理念、経営理念、信条、クレド、ビジョン、ミッションなどいろいろな表現があります。決まった形があるわけではありませんが、多くは、「ミッション」「ビジョン」「バリュー」として示されます。

「ミッション」　使命・存在意義。どのような価値を社会に提供したいか
「ビジョン」　目指すべき方向性。将来あるべき姿。描いた夢が実現した姿
「バリュー」　企業の価値観。物事を判断する際の基準

これらを、ＨＲ担当者が「自らの言葉で」「熱く」社内外に語っていかなければなりません。

理念が浸透している企業は、社員のモチベーションは高く、業績もよいものです。
エクセレントカンパニーとされる企業は、理念を大切にし、浸透させることに労苦を惜

しんでいません。そして社員一人ひとりが、理念に向かって、「働く目的」が明確になっているからこそ、業績が向上しているのです。

しかし、少し気を抜くと、理念は薄れていきます。特に成長期は気をつけなければなりません。

創業当時は、創業者の想いとそこに集まった人たちで、一致団結して理念の実現と業績向上に邁進します。しかし、成長し、組織内に階層ができ、中途採用が増えてくると、創業者の想いが届かなくなっていきます。１００人ぐらいが一つの目安ではないかと思います。

私の前職は「クリエイターの生涯の価値を向上する」という理念を掲げていました。業績のよい部門のメンバーと話をすると、出てくるのは、「クリエイターの処遇を上げられて、喜んでもらえて、僕もとても嬉しいんです」という話題です。本当に嬉しそうです。業績の悪い部門のマネージャーはこう言いました。「西尾さん、理念と現実は違うんですよ」。

私は「あなたがそんなことを言っているから、メンバーのモチベーションも上がらず、業績も上がらないんじゃないか」と伝えました。腹に落ちたかどうかはわかりませんが、理念はＨＲにとってとても大切なものです。

理念浸透の対象は正社員だけではない

理念はある種「宗教」のようなものです。「信じて進む」ことが大切です。「宗教っぽくって、なんだかね」と言う人がいますが、言わせておけ、と私は言いたいのです。それなら入社しなければよろしいのです。

これは雇用形態や契約形態にかかわりません。スターバックスコーヒーや東京ディズニーリゾートがアルバイトにも理念教育を徹底していることは有名です。業務委託契約だとしても、会社の目的である理念を理解してこそ、よい仕事をしてもらえるでしょう。「正社員だけのもの」ではないのです。

ＨＲの仕事の多くは、ここにあると考えてもよいと思います。

「働く目的」が社員の腹に落ちていれば、目的意識を持ってくれるでしょう。第２章の課題②ワークライフバランスで紹介した「働く考え方」チェックリストの各項目が、右側に寄っていくのです。「右側」で働く可能性が高いのです。

働く日は意義を感じて楽しく働き、休日も充実している、という人生が、豊かな人生だとは思いませんか？

第6章

「やり方」ではなく「考え方」から始める

想いの強さが成功へ導く

これまで述べてきたことのベースは、「ＨＲは、『やり方』を論じる前に『考え方』をしっかり持つべきだ」ということです。

バブル崩壊後の失敗を繰り返さないためにも、ジョブ型、成果主義などの「方法論」に惑わされず、「なぜそれをするのか」「それをしたらどうなるのか」をしっかり考えていただきたいというのが、私の想いです。

昨今、「うまくいっているＨＲ」と「そうでもないＨＲ」の違いをいろいろ考えているうちに、一つの解にたどり着きました。

それは「想い」です。

経営者の人に対する「想い」と、ＨＲ部門・ＨＲ責任者・ＨＲ担当者の人に対する「想い」がどれだけあるか、がＨＲの成功のカギを握っていると思えるのです。

「想い」があった会社は生き残り成長し、それが足りなかった会社は成長しない、と言ってもいいのではないでしょうか。

「想い」は「理念」の一部かもしれません。そこに経営の信念が入っていれば、そこに「想い」があります。その「想い」には、「社会や顧客への想い」「株主への想い」「取引先への想い」などと共に、「共に働く人への想い」があるのではないでしょうか。

「共に働く人への想い」と書きました。繰り返しお伝えしてきたように、「社員」だけでなく、理念の実現に共に関わっていくすべての人々が、この「想い」の対象になっていくと考

● 想い・考え方・やり方

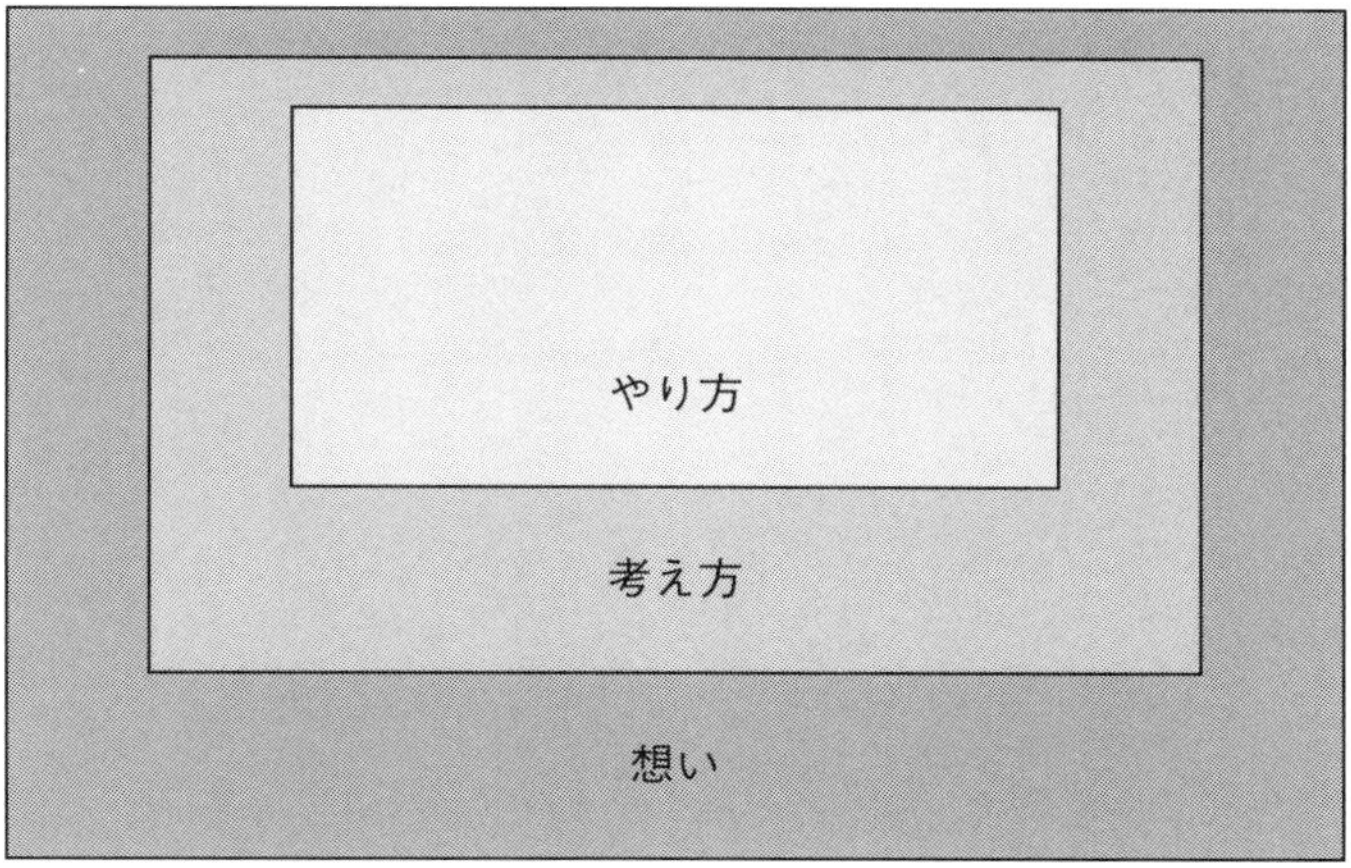

えているからです。

「ここで成長してほしい」「世の中で通用する人になってほしい」「いきいきと働いてほしい」「安心して働いてほしい」など、会社によってその想いは様々でしょう。

「専業禁止」を掲げているエンファクトリーには「人材理念」として「相利共生」という想いがあります。

ヤフーの「退職という概念をなくす」というのも、会社と人との関係に対する想いだと思います（日本経済新聞２０２０年12月７日）。

まずこの「想い」があるかどうかです。なければ考えていただきたいのです。

「想い」があって、それを実現するために「どのような考え方をするか」につながり、その考え方がしっかりしたところで、それを実現するための「やり方はどの方法だろう」という順序にしていただきたいのです。

「他社はこうしている」という「やり方」だけ取り入れると失敗するのです。もし取り入れることを検討するのであれば、その会社が「どのような想いを持って」「どのように考えて」その施策を行っているのかをしっかり確認していただきたいのです。

人事の信条

私が「人事の信条」としているものを以下で紹介します。お恥ずかしいのですが、少しでもご参考になればと思います。

（１）会社のベクトル（理念・ビジョン・価値観など）と、働く人のベクトル（キャリアビジョン・ライフビジョン）をできるだけ合一にしていくこと。

ＨＲ担当者は、会社の理念を熱く語れなければならない。自分のキャリアビジョン・ライフビジョンについても生き生きと語れなければならない。

（２）会社で働く人たちには、雇用形態・契約形態に関係なく、その場を有意義に過ごしてもらいたいということ。

だから、その先に何を目指しているのか、次に向けて、いまその場が意味のあるものになっているかを常に考えること。

「で、どうしたいの?」「将来、どうなりたいの?」と常に問うこと。考えていない人には、考えてもらうこと。

それが見いだせない場合については、採用は極めて慎重にし、社員であっても「お別れ」しなきゃいけない時もある。だから見出してもらうようにしていくこと。
(3) その会社で働くことで、その人が、将来、他社でも働けるようになってもらえること。
20年先、30年先を考えるのは今の時代ではとても無理ではあっても、5年先、場合によっては10年先ぐらいは、どのような力を身につければ、将来その人が市場価値を持って、会社に依存せず、社会で十分に活躍できるかはおおよそ読むことはできる。

その知見を常に持って、採用や配置を考えていくこと。

その人が、社会においての「汎用的な力」を身につけていくように、HRの施策を考えていくこと。

（４）会社はそういう人たちが「世の中に価値を提供する」場であって、働く人が「何を会社から得るのか」はその次であること。

「何が得られるか」よりも「何を提供できるか」が優先されること。「何が得られるか」は、「何を提供できるか」の結果として得られるものであること。

だから「得ることしか考えていない」人に対しては、厳しく対応することになる。給与とか福利厚生とか教育制度とかを先に語ることはしない。

社員が価値を提供する場づくりが何よりも大切。

（５）ルールとしての規程（就業規則など）はものすごく大切。それがＨＲの憲法。公正さを担保する。

でも、人生ひとそれぞれ。社員が個別に抱えている悩みは様々。個に対しては真摯に対応すること。

規程と個別問題の間で、「どのようにすれば、その人にも組織にもいい結果をもたらすか」を常に悩むこと。必要なら規程も変える。

（6）「与えるもの」と「得るもの」を取り違える人に対しては厳しく当たること。できればわかってもらえるように努力すること。それでも変わってくれなければ、厳しく対応する。

（7）一生懸命がんばっている人を応援・支援すること。それを阻害する人がいれば戦うこと。

がんばって働く人を応援・支援するのがＨＲの役割。その環境を整えることもＨＲの役割である。

それを阻害する要因があれば、適切に対応していく。そこに軋轢を恐れてはならない。

（8）評価や給与をはじめとする人事の仕組みは、よりよく仕事をしてもらう、社員が成長して会社が成長することを目的とすること。

評価は育成に必ず結びつけること。給与とパフォーマンスのギャップ（給与が高くて働かない人や、その逆）は解消する道筋をつけること。でも、給与が高くて働かない人も、気づきを得ていないだけで、気づけば給与以上のパフォーマンスを発揮することも十分あり得ることを知ること。だから本人に真摯に向かうフィードバックが大切（評価制度はそのネタであって、それ以上でもそれ以下でもない）。

（９）人のせいにしないこと。「人のせいにする人」には厳しく当たること。自己反省を大切にすること。でも、それで落ち込まない。次の糧にすること。

（10）とにかくＨＲ担当者は人に対して悩むこと。採用の先にその人の人生がある。配置の先にその人のキャリアがある。採用・配置・評価・育成・給与・問題対応すべてつながっている。その知見を求めて学び続けなければならない。採用したら「はい終わり！」ではない。それだけ苦しい仕事だということ。

（11）ＨＲ領域の全体像を常に意識すること。採用担当でも給与担当でも教育担当でも、ＨＲ領域全般についての視野は常に持っていなければならない。教育は評価とつながり、採用は教育とつながり、採用は給与ともつながる。給与は労務（個別労務問題に最初に気づくのはたいがい給与担当だ）につながる。

人事の部分最適ほど会社にとって最悪なことはない。自分の仕事が何とつながっているか、常に意識していなければならない。

(12) 流行ものに安易に飛びつかないこと。

HRには常に新しい最新のキーワードが登場してきた。成果主義・年俸制・ダイバーシティ・コーチング・フォロワーシップ・メンタルヘルス・ダイレクトリクルーティング……。それぞれはとても大事なことではあるかもしれないが、全体を語るわけでもない。定着したものもあれば、忘れ去られるものもある。会社にダメージを与えたものもある。流行ものに飛びつかず、自社に大事なものは何か、それによって捨てなければならないことを見極めようとしなければならない。

そしてその真の意味と他への影響を考える。

「コンピテンシー」はその一つで、意義を理解していれば意味を持つが、作り方、使い方を誤解して効果を出さないケースもある(効果がないのは意義を理解していないから。ちょっとやって、うまくいかないからって、その概念を軽視してもいけない)。

（13）「変えるべきもの」と「変えてはならないもの」をしっかりと見極めること。「変革」とみんな言うけれど、変えてはならないものまで変えてしまってはならない。何でも変えればいいというものでもない。

人事制度を安易に変えて混乱に陥って結局元に戻す、という話もよく聞く。本質を見極めようと常に努力しなければならない。

「人事部は堅い」「人事部は変わらない」という批判を浴びたとしても、守るべきところは守らなければならない。その意味で、変えてはならないものの最後の砦はＨＲ部門かもしれない。

（14）「ならぬものはならぬ！」とはっきり言う勇気を持つこと。

正しいと自ら信じることに対しては、相手が社長でも役員でも管理職でも「ならぬものはならぬのです！」ときっぱり言う。逆にやるべきことであれば、これも断固として「やるんです」と何回でも訴える。

理念やポリシー、行動指針に関わることは譲らない。でも同時に「それを本当にやる必要があるのか」「必要なものだとしたら、どうしたらそれができるのか」に考えを巡らす。

でもやっぱり「それはダメです！」と貫き通すこともHRの仕事でもある。

(15) 裏はあっても影はないこと。

HRという仕事は、もちろん裏がある。語っていることがすべて事実とは限らない。言ってはならないこともある。伝えてはならないこともある。墓場まで持っていくことがたくさんある。信じてもらいたいと思う反面、本当のことを伝えられない苦しさがある。でもそれは相手もわかっていること。

それよりもHR部門に「影」はあってはならないと思う。「影」とは、文章にするのは難しいのだけど、「相手のためにならないこと」「人を陥れる企み」「自分のための嘘」など、暗い言葉の羅列になるようなそういうものがあってはならない。そうでないとHR担当者自身も持たない。

(16) 社員をよく知ること、そのための努力をすること。

あるTVドラマで弁護士の主人公が容疑者接見の時に毎回「では生い立ちから……」という質問を投げかけていた。とても大事なことだ。その人がどこから来てどこへ行くのか、家族を含めた周辺環境はどうなのか、休みの日には何をしているのか、何に問題を抱えているのか。社員すべてを把握することは難しいかもしれないが、接している相手のことは、ぜひ知ろうとしてほしい。顕在化している問題のみに焦点を当ててはならない。

(17) 自分を知ってもらうこと、開示すること。

相手を知るためには、自分を開示しなければならない。コミュニケーションの頻度は高いほうがいい。HR部門外の社員と飲みに行くのもいいと思う。もちろん、そういう場でも言っていいことと悪いことは十分わきまえなければならないけれど、それさえなければハメもはずしたっていいと思う。

自分のことを知ってもらおうとしなければ相手は近づいてこない。HR担当者はそういう距離感も大切だと思う。HR担当者だってただの人。特別なことなんて何もない。

(18) されど、人はわからない

人はそれぞれ違うので、結局はわからないもの。自分のことだってよくわからないのに、他者をわかるわけがない。だから「自分はこの人のことを十分にわかっていない」という前提でいなければならない。「わかっている」と思っている時点で「わかっていない」ものだ。だからこそ「わかろうとする努力」を続けなければならない。

この想いの上に、ＨＲ施策展開の考え方があります。

・企業の成長と働く人の成長を実現する施策であること
・普遍性・汎用性を追求すること
・どこにでもいける人がその会社にいる状態を作る施策であること
・仕組みはシンプルでも、運用においては適切に悩むためのものにすること
・評価制度は、評価者と被評価者が共に成長する仕組みであること
・適切な指標で客観的に評価できるものであること
（できるだけ好き嫌いが入り込まない仕組みであること）
・評価運用こそ、人を育てる大事な機会であること
・でも簡単には評価なんか下せないこと
・施策は、働く人の成長に結びつくものであること
・人事の全体像を想定した施策であること

・社員・経営から信頼感を得られる決まり事であること

などです。

いかがでしょうか。これが正しいとは言いません。他の考え方もあって然るべきだと思います。

ただ、私はCCC時代にも、クリーク・アンド・リバー社時代にも、そして独立した後、様々なクライアントとお仕事している時でも、この信条は持ち続けています。

想いを書き出す

ぜひ想いを書き出してみてください。それを共有してください。

そのような想いを持ち、共有していくことが、HRにより働く人たちと企業を成長させるものだと思います。

想いなく施策を展開してはなりません。それではその施策は成功しません。「仏作って魂入れず」とはこのことです。だから失敗をしてしまうのです。

この想いを持ち、そして覚悟を持って臨むことが大切です。HRの仕事は楽しいことばかりではありません。厳しいことも多々あります。「痛み」を先送りばかりしていてはなりません。想いがあるからこそ「覚悟」ができるのです。

人事は愛

トヨタの故・畑隆司常務役員が遺した言葉に「人事は愛！」というものがあります。「『人は城、人は石垣、人は堀』。これは人こそが組織の要であると信じ、生涯城砦を築かなかった武田信玄の言葉といわれています。この故事を持ち出すまでもなく我々人事労

務に携わる者は会社や社会にとって極めて重要な仕事に携わっています」（畑隆司著『人事は愛！』より）

私もこの冊子を拝見したことがあります。想いの強さを感じました。

ＨＲはそれだけ厳しく、深く、そして重要な仕事です。変化の時代に「第４次人事革命」を実現するためにも、ＨＲに関する「想い」を強固に持っていただきたいと願っています。

西尾 太（にしお・ふとし）

人事コンサルタント。フォー・ノーツ株式会社代表取締役社長。「人事の学校」主宰。

いすゞ自動車労務部門、リクルート人材総合サービス部門を経て、カルチュア・コンビニエンス・クラブ（CCC）にて人事部長、クリエーターエージェンシー業務を行うクリーク・アンド・リバー社にて人事・総務部長を歴任。これまで1万人超の採用・昇格面接、管理職研修、階層別研修、人事担当者教育を行う。パーソナリティとキャリア形成を可視化する適性検査「B-CAV test」を開発し、統計学に基づいた科学的なフィードバック体制を確立する。中でも「年収の多寡は影響力に比例する」という持論は好評を博している。

著書に「人事の超プロが明かす評価基準」（三笠書房）、「人事の超プロが本音で明かすアフターコロナの年収基準」（アルファポリス）などがある。

1965年、東京都生まれ。早稲田大学政治経済学部卒。

超ジョブ型人事革命

自分のジョブディスクリプションを自分で書けない社員はいらない

2021年3月15日　第1版第1刷発行
2021年3月31日　第1版第2刷発行

著　者　　西尾　太
発行者　　村上広樹
発　行　　日経BP
発　売　　日経BPマーケティング
〒105-8308 東京都港区虎ノ門4-3-12
https://www.nikkeibp.co.jp/books/

装　丁　　山之口正和（OKIKATA）
制　作　　朝日メディアインターナショナル
編　集　　長崎隆司
印刷・製本　中央精版印刷

Printed in Japan
ISBN 978-4-296-00014-2

本書籍に関するお問い合わせ、ご連絡は下記にて承ります。
https://nkbp.jp/booksQA